Pienso en Àngel y recuerdo su extrema sensibilidad y toda aquella pasión que entregaba en lo que hacía. Era de esas personas dotadas de una luz especial que lo hacían ser estimado por todos los que lo conocían. Humilde, humanista y con una sabiduría infinita que compartía con toda generosidad. Maestro de maestros, persona de ideas claras, gran comunicador y amante del vino y de la buena mesa como pocos. Lo tengo muy presente, con aquel aspecto tan entrañable, paciente y un punto seductor, y todavía río cuando recuerdo su sentido del humor sutil, elegante... Agradezco a la vida que nos cruzara los caminos. Juntos para siempre.

Fàtima Morraja Estrada

Primera edición: octubre de 2020

© herederos de Àngel García Petit

© de la edición:
9 Grupo Editorial
Lectio Ediciones
C/ Mallorca, 314, 1º 2ª B • 08037 Barcelona
Tel. 977 60 25 91 – 93 363 08 23
lectio@lectio.es • www.lectio.es

Diseño y composición: carlarossignoli.com

Impresión: Leitzaran Grafikak

ISBN: 978-84-16918-79-9

DL T 692-2020

Los mejores vinos del mundo

162 escogidos y 15 excelentes

Àngel García Petit

ediciones
Lectio

índice

Prólogo

Si alguien tiene interés o curiosidad de echar un vistazo a los vinos que se elaboran en los diversos lugares del mundo y quiere tener unas pequeñas nociones sobre las zonas vinícolas mundiales, ha elegido el libro adecuado. Pero si lo que quiere es profundizar en el conocimiento de los vinos que se producen en uno u otro lugar de nuestro planeta, siento decirle que este libro está pensado para las personas que, siendo consumidoras de vino, quieren ir un poco más allá de los vinos a los que están habituados y quieren descubrir alguna pincelada de la enología de otras regiones más lejanas o menos conocidas. Es, pues, un libro destinado especialmente al consumidor motivado, no al profesional.

He procurado que las bodegas y los vinos que he seleccionado fueran representativos de la gama mediana-alta de cada país o zona vinícola, sin fijarme demasiado en el precio. Observaréis, por lo tanto, que hay mucha diferencia de precios entre unos vinos y otros, que acostumbrará a corresponder al nivel de precios de cada zona específica. También hay un capítulo donde he querido destacar algunos de los mejores vinos del mundo, no solo según mi percepción personal, sino también según el criterio de reconocidos prescriptores.

El mundo vinícola histórico está más representado en el libro que los países de más reciente incorporación en la elaboración de vinos, hecho que también se corresponde al peso y la variedad de vinos que la Europa vinícola tiene sobre la producción mundial de vino. Dentro de Europa, los vinos españoles —y especialmente los de Cataluña— los he tratado más a fondo por el hecho de que he nacido y vivido en Barcelona y que conozco a sus vinos y a sus productores mucho más a fondo que a los de otros lugares.

Si consideramos la Cuenca Mediterránea como la zona vinícola histórica, veremos que España, Francia e Italia (por estricto orden alfabético) están muy detalladas y subdivididas en regiones vinícolas y denominaciones de origen, mientras que los países africanos mediterráneos —aunque pertenecen a la zona histórica— tienen una presencia y unas subdivisiones geográficas menores debido a su menor producción y diversificación vinícola.

El libro está estructurado, en primer lugar, por continentes geográficos. En cada uno encontraremos los estados o los países productores de vino, dentro de los cuales existen diferentes zonas vinícolas —a veces solo las más importantes— que contienen las diversas denominaciones de origen o áreas geográficas vinícolas. Antes de cada gran zona vinícola, he introducido una pequeña explicación de sus particularidades para que podáis situar sus vinos en un contexto determinado.

Europa es probablemente la zona vinícola más reglamentada y estricta de cara a proteger la calidad de los vinos desde la misma administración comunitaria, y por este motivo todos los países que forman parte de la Unión Europea tienen unos esquemas vinícolas y unas clasificaciones muy parecidas. Esto no quiere decir que otros países no europeos no tengan productos de calidad, sino que en estos otros países la administración correspondiente no suele ser tan restrictiva como en la Europa comunitaria. En cualquiera de los casos, los vinos y las bodegas seleccionados tienen suficiente calidad y prestigio para merecer su espacio en este libro.

Otra cosa son los centenares o miles de bodegas que también tienen méritos suficientes y que no aparecen en el libro, pero, com he dicho al principio, este libro no es una enciclopedia de los vinos del mundo, sino que pretende observar a vista de pájaro el panorama vinícola mundial a través de unos vinos y bodegas que he escogido subjetivamente.

Observaréis que los vinos no reflejan ninguna cosecha concreta, porque la idea es que el libro tenga vigencia durante bastantes años, a pesar de que el sector internacional del vino está constantemente en movimiento y que los cambios forman parte de la dinámica habitual. Los gustos del consumidor evolucionan y las formas de consumo también, se abren nuevos mercados, pero también se incorporan nuevos países a la producción de vino, y todo hace que este sector sea de los menos previsibles a medio y largo plazo. Sea como sea, costará que este libro quede desfasado por las nuevas realidades, porque lo que aquí se recoge difícilmente desaparecerá o se modificará substancialmente, excepto por lo que hace referencia a China, que apenas empieza a andar en temas enológicos pero que cada año va acelerando su ritmo de crecimiento.

Algunos se preguntarán cómo se puede hacer una descripción de un vino sin nombrar la cosecha. La respuesta es sencilla, las bodegas serias —y las que salen en el libro lo son— tienen unas líneas de trabajo propias y coherentes que hacen que sus vinos tengan un hilo conductor a lo largo de muchas añadas. Es verdad que de vez en cuando las bodegas hacen pequeños cambios para mejorar el producto o para adecuarlo a las nuevas demandas del mercado, pero cuando una marca está consolidada los cambios acostumbran a quedarse solo en algunos retoques. Por todo lo que acabamos de decir, las notas de cata de cada vino es necesario que sean consideradas como una aproximación al vino después de probar o de consultar diferentes cosechas, no como la nota de cata de una cosecha concreta ni com un dogma de fe.

Si alguien quiere saber si he probado todos los vinos, tengo que decirle que no. He probado muchos —los europeos comunitarios casi todos en un momento u otro—, pero del resto la información la he obtenido de las mismas bodegas y de comentarios que he considerado solventes y que he encontrado en Internet. Insisto que no es un libro para profesionales, sino para aficionados, y he constatado que cuando, después de hacer una ficha, he podido probar el vino por primera vez, la descripción que había hecho a partir de datos ajenos se correspondía, dentro de unos ciertos márgenes, con lo que estaba probando en aquel momento.

Por motivos de espacio solo hay explicaciones generales de las regiones vinícolas pero no de cada zona, área o denominación de origen, de las cuales, en cambio, sí hay siempre una bodega representativa y uno de los vinos que elabora esta bodega. Cada ficha explica la bodega, explica el vino y propone un maridaje para este vino, además de dar datos sobre la ubicación de la bodega y de su trayectoria histórica, y también se indica una página web donde se puede encontrar información complementaria. Sobre este último punto, tengo que avisar que estas páginas electrónicas cambian con frecuencia y, por lo tanto, solo puedo garantizar que a mediados del 2018 estaban operativas. También aparece un precio de venta al público orientativo que puede variar considerablemente de un país a otro.

En el índice encontraréis diferentes puertas para acceder a la información según si buscáis un vino en concreto o una zona geográfica. Por lo que respecta a los tipos de vinos, los hay de todo tipo, y en cada caso he buscado que sean de un tipo habitual en la zona y que estén elaborados preferentemente con las variedades tradicionales de la zona, y cuando esto no ha sido posible he elegido la calidad y el prestigio de la bodega como criterio de selección.

La gran mayoría de los vinos son relativamente fáciles de encontrar en sus países de origen y solo en algunos casos puntuales son producciones limitadas de muy pocos miles de botellas.

El objetivo final del libro es únicamente contribuir al conocimiento del vino y de sus lugares de producción, en un mundo que cada vez se nos hace más pequeño y que nos permite acceder con más facilidad a vinos elaborados en la otra punta del planeta. Corresponderá a cada lector decidir si se anima a buscarlos.

Las regiones y zonas vinícolas del mundo

La viña en el mundo se sitúa mayoritariamente entre los 30° y los 50° de latitud norte y los 25° y 45° de latitud sur, lo que no quiere decir que en unos 5° por encima o por debajo de estas coordenadas no pueda haber algún microclima que permita cierta producción vinícola.

De todas maneras, con el cambio climático que estamos empezando a sufrir es probable que paulatinalmente la viña se vaya alejando del ecuador y se vaya acercando a los polos terrestres, con las consiguientes satisfacción para las zonas más frías y preocupación para las zonas más cálidas.

¿Qué pasará con los países tradicionalmente productores? Pues que tendrán que ir buscando altitud para contrarrestar los aumentos de la temperatura, o que tendrán que encontrar clones más resistentes a estas temperaturas y a los periodos de sequía, que probablemente aumentarán.

De momento, sin embargo, la gran producción de vino se sigue situando en Francia, en Italia y en España, con permiso de China, que los está persiguiendo y que puede llegar a superarlos a medio o largo plazo, ya que, en cuanto a superficie de viña plantada, esta ya se acerca a la de Italia o a la de Francia.

Si bien es cierto que los países mediterráneos son los que más vino elaboran, actualmente no existe ningún continente que no tenga una respetable producción de vino, y dentro de la misma Europa los países que lo producen son muchos. Vinos asiáticos, africanos o de Oceanía pueden resultar exóticos para un europeo, pero forman parte de pleno derecho del abanico de vinos que se mueven por los mercados.

En este libro daremos un paseo por algunos de estos países, parándonos un poco más extensamente en los que tienen un mayor peso específico en el panorama vinícola mundial.

España
Francia
Italia
Portugal
Alemania
Austria
Inglaterra
Hungría
Otros países
productores

Europa

Europa

Europa es el primer productor de vino del mundo y el que históricamente ha mantenido la producción desde unos cuantos siglos antes de Cristo hasta la actualidad, aunque no está claro si el primer vino que se elaboró en algún momento de la historia fue europeo o asiático.

En Europa se encuentran los tres primeros países productores del mundo: Italia, Francia y España, aunque, com ya hemos dicho, China tiene una superficie de viña que se va acercando a la de Italia. Europa llevó la viticultura al Nuevo Mundo (América y Oceanía) y a la parte de África del sur, y todavía hoy es el referente de los vinos mundiales, con permiso de California.

ESPAÑA

España es el primer estado del mundo en superficie de viña, pero es el tercero por lo que respecta a producción de vino y es, sin duda, el país europeo que en los últimos veinte años ha dado un mayor salto cualitativo en viticultura y en enología, y se ha colocado al mismo nivel de muchas zonas vinícolas francesas o italianas que eran —y en algunos casos todavía lo son— las que dominaban el conocimiento y los mercados vinícolas.

España está pasando paulatinamente de ser un productor de vinos a granel —que con frecuencia servían para mejorar los vinos de algunas zonas extranjeras— a un país donde los vinos embotellados empiezan a ganar terreno en los lineales mundiales de las tiendas especializadas en vinos. Queda todavía un gran camino para recorrer, pero el futuro es esperanzador si los productores españoles tienen la suficiente flexibilidad mental y comercial para apostar por los vinos de más alta calidad y no buscar el dinero fácil basado en producciones muy grandes y precios muy bajos, porque el futuro se encuentra en la calidad y no en el precio bajo.

España está dividida en zonas de clima mediterráneo, zonas de clima continental y zonas intermedias que a veces asociamos a clima atlántico o a una mezcla de tipologías climáticas. Por otro lado, las cinco zonas climáticas que Winkler definió para clasificar los lugares donde el cultivo de la viña era posible en el mundo son presentes en un lugar u otro de la geografía española.

Todo esto hace que cualquier tipo de vino sea posible en España si se encuentra el lugar adecuado y si se plantan las variedades de uva que pueden ir mejor, dejando de lado modas y apriorismos que con frecuencia han sido la causa del mal aprovechamiento de zonas con gran potencial de calidad.

Los vinos españoles de calidad están clasificados —siguiendo el modelo que marca la Unión Europea— en:

- **DO** (Denominación de Origen), que combinan el criterio de calidad de los vinos con la zona geográfica donde se han elaborado.
- **DOC** (Denominación de Origen Calificada), que es una DO de un nivel más alto que las normales. Solo hay dos: DOC Rioja y DOQ Priorat.
- **Desde hace unos años existe también la categoría Vinos de Pago (o Vino de Finca)**, que acoge vinos de una calidad excepcional procedentes de una sola finca. Esta categoría se concede a los vinos en concreto, no a las fincas ni a las bodegas.

El territorio español está dividido en comunidades autónomas y cada una contiene una o más Denominaciones de Origen. En este libro hemos seleccionado las principales zonas o regiones vinícolas españolas, de manera que alguna de estas comunidades autónomas no queda reflejada porque sus vinos tienen poco protagonismo dentro del panorama vinícola español. De cada comunidad autónoma salen la mayoría de las DO que contiene, pero en algunos casos se han seleccionado las que, en opinión del autor, tenían más interés, cosa que no supone ningún menosprecio por el resto de las DO que no aparecen en estas páginas y se debe solo a la limitada extensión del libro. Este criterio todavía ha sido más estricto en el resto de países del mundo. En todos los casos se ha procurado respetar el nombre original de la zona y la DO, incluso cuando el idioma propio es diferente al castellano.

Andalucía

Es la región vinícola continental situada más al sur de Europa. Es famosa por sus vinos fortificados (finos, manzanillas, olorosos, etc.) que han marcado tendencia en otras zonas vinícolas mundiales, aunque desde hace unos cuantos años se están elaborando más y mejores vinos no fortificados. Engloba la DO Jerez-Xérès-Sherry, la DO Manzanilla - Sanlúcar de Barrameda, la DO Málaga - Sierras de Málaga y la DO Montilla-Moriles.

Aragón

Es una zona tradicional e injustamente marginada actualmente en el aspecto vinícola. Su problema ha sido históricamente seguir elaborando vinos excesivamente rústicos, que potenciaban la graduación alcohólica en detrimento de la calidad global de los vinos. Por suerte, la tendencia parece que va hacia vinos más equilibrados y más del gusto del consumidor actual. Se trata de una zona donde los precios son más bien bajos y donde la calidad no para de crecer.

Aquí encontramos la DO Calatayud, la DO Campo de Borja, la DO Cariñena y la DO Somontano. Esta última con una tipología de vinos más afrancesados y de perfil mucho menos tradicional que los otros vinos aragoneses y con variedades francesas que dominan el panorama vinícola de la zona, en muchos casos con un buen nivel de calidad.

Baleares

Solo dos DO, ambas en Mallorca, se encuentran situadas en las islas Baleares: la DO Binissalem Mallorca y la DO Pla i Llevant, la primera con unos quince elaboradores y la segunda con una docena. En conjunto son poco más de 1.000 hectáreas de viña, en las cuales las variedades tradicionales —algunas solo se encuentran en las Baleares— conviven con variedades francesas y alemanas.

Por lo que respecta a los vinos, hay un poco de todo, pero el grupo de los buenos vinos es cada vez más numeroso.

El resto de las islas del archipiélago también elaboran vinos, pero aun no han conseguido la DO.

Canarias

Excepto Fuerteventura —que no tiene ninguna— y Tenerife —que tiene cinco—, todas las islas Canarias tienen una DO vinícola. Debido al clima extremamente cálido y seco, cultivar la viña en Canarias es casi una cuestión de amor propio, porque las dificultades son muchas y los rendimientos pocos.

La gran cantidad de turismo hace, por otro lado, que la venta de vinos canarios no sea demasiado complicada y que no sea necesario depender de mercados más lejanos.

Castilla - La Mancha

Se trata de la región vinícola con más viña plantada del mundo, aunque buena parte del vino que se elabora allí termina en las destilerías para obtener alcohol vínico.

Si antiguamente la región —especialmente la DO La Mancha— elaboraba unos vinos de poca calidad que se vendían a granel en las bodegas de las grandes ciudades españolas, actualmente la creación de distintas DO que han apostado activamente por los vinos de calidad han dado un gran impulso a la zona, aunque —al no relacionar las nuevas DO con la región de la Mancha— no han hecho ganar prestigio global a la zona manchega fuera de su propio ámbito geográfico.

Pertenecen a esta región la DO Almansa, la DO Manchuela, la DO Méntrida y la DO La Mancha, con una presencia cada vez más grande en las gamas media-alta y alta de los vinos españoles. Y también la DO Uclés y la DO Ribera del Júcar, mucho menos activas.

Castilla y León

Es una de las regiones vinícolas donde hay más DO españolas famosas. ¿Quién no conoce en la actualidad a los vinos de la DO Ribera del Duero, de la DO Toro, de la DO Rueda o de la DO Bierzo? Esta es una región donde dominan las variedades tradicionales sobre las extranjeras y en algunas —por ejemplo en la del Bierzo— directamente las extranjeras no están admitidas por su Consejo Regulador. Se trata de una región basada en los vinos tintos, donde solo Rueda ha apostado con claridad por los blancos, con la elaboración de la variedad verdejo, uno de los vinos blancos españoles de moda. Otras como la DO Arribes o la DO Tierra de León tienen que andar todavía un largo camino para consolidarse y darse a conocer, por la sombra que las otras DO de la región les hacen en el imaginario del consumidor español.

Cataluña

«Cataluña, país de vinos», decía un eslogan que quería promocionar los vinos catalanes dentro de su propio mercado. Esta frase ya daba a entender la variada tipología de los vinos que se elaboran en Cataluña y que consiguen que —al contrario de lo que pasa en otras zonas vinícolas españolas— no se identifique Cataluña con ningún tipo de vino en particular, si hacemos la excepción de los vinos espumosos. La DOQ Priorat (una de las dos DOC españolas), la DO Montsant (la hermana pequeña de la Priorat), la DO Empordà (con los vinos de Tramuntana) o la DO Terra Alta (con la gran apuesta por la garnacha blanca) cada vez suenan más al consumidor internacional coma garantía de vinos de calidad y con personalidad.

También pertenecen a Cataluña la DO Alella (a solo doce kilómetros de Barcelona), la DO Pla de Bages (el antiguo gran productor de vino catalán), la DO Penedès (la más grande y la más complicada de entender), la DO Conca de Barberà (en fase de reencontrarse), la DO Costers del Segre (muy esparcida y fragmentada), la DO Tarragona (vinícolamente muy poco actualizada) y la DO Catalunya, que se superpone geográficamente a todas las DO catalanas y abraza territorios que ninguna otra DO ampara.

En Cataluña es donde existen más variedades de uva autorizadas, pero también es de las poquísimas zonas donde se dan las cinco zonas climáticas de Winkler, y eso puede ser una excusa más que una justificación, porque la cuestión es si las variedades están plantadas allí donde más encajan o si los criterios de plantación han sido otros.

País Vasco

Es un territorio heterogéneo desde el punto de vista vinícola, con zonas de gran influencia marítima y otras protegidas de los efectos marinos. Cada provincia vasca tiene su propia DO, pero todas elaboran chacolí, el tipo de vino tradicional y histórico del País Vasco. La DO Arabako-Txakolina, la DO Bizkaiko Txakolina y la DO Getariako-Txakolina son las tres DO de Euskadi. Basan sus vinos en las tradicionales variedades hondarrabi zuri y hondarrabi beltza, blanca y negra respectivamente, que algunos elaboran como monovarietales y otros como vinos de ensamblaje.

Pertenece también a esta región vinícola una de las subzonas de La Rioja, la Rioja Alavesa, que queda dentro de la provincia de Álava, con unos vinos que no tienen nada que ver con los chacolís típicos de Euskadi.

Extremadura

Solo hay una DO, la Ribera del Guadiana, con unos vinos de poca difusión, menos de veinte elaboradores y una superficie de viña un 50% más grande que la de la DO Ribera del Duero. Produce grandes cantidades de vino que es difícil de encontrar embotellado. Los tradicionales vinos de pitarra tienen una calidad muy discreta en general y se consumen en la misma zona.

Galicia

Se trata de una región con un gran potencial que hasta hace veinte años casi nadie conocía, a excepción de algunos albariño y unos vinos de ribeiro muy desafortunados. Esto ha cambiado drásticamente y actualmente la DO Ribeiro está elaborando vinos blancos comparables a grandes vinos europeos, la DO Ribeira Sacra elabora ya vinos blancos y tintos muy buenos para los consumidores experimentados, la DO Valdeorras trabaja muy bien las variedades godello y mencía, la DO Rías Baixas (la reina del albariño) se mantiene como la zona gallega más conocida y la DO Monterrei es todavía una fruta que madura adecuadamente.

Muchas y muy poco conocidas variedades de uva tradicionales son el futuro de Galicia, una zona que ha conservado variedades antiguas que ahora es necesario desarrollar para poder elaborar buenos vinos, con una personalidad única.

Madrid

Al igual que Extremadura, tiene una sola DO, la Vinos de Madrid, en la cual se producen vinos muy dignos pero de difusión muy limitada. Trabajan básicamente con variedades de uva tradicionales, en buena convivencia con alguna variedad francesa.

Murcia

Es una zona muy cálida, donde el monastrell es la variedad absolutamente protagonista. La DO Bullas, la DO Jumilla y la DO Yecla son las tres Denominaciones de Origen de esta región, aunque la DO Jumilla comparte territorio con la provincia de Albacete.

Navarra

Solo el centro y el sur de Navarra forman parte de la única DO de esta región, la DO Navarra, donde las variedades tradicionales y las francesas se mezclan sin problemas. Si hace cincuenta años los vinos rosados eran los protagonistas de los vinos navarros, ahora incluso los vinos dulces mantienen alto el prestigio de muchos de los vinos de la zona.

La Rioja

Es la otra de las DOC españolas. Esta región, que se ha promocionado como «Una tierra con nombre de vino», ha hecho del vino el motor de su economía y es, con toda seguridad, la zona vinícola española más conocida a nivel mundial. La DOC Rioja ocupa el territorio de la Rioja, pero acoge también una parte de Álava, un poco de Navarra y algunos municipios de Castilla y León. El protagonismo es de los vinos tintos con base de tempranillo, pero los amantes del vino deben conocer los buenos vinos blancos que se elaboran allí, aunque haya algunos aprovechados —como en todas partes— que elaboran unos vinos que no tienen el nivel de una DOC, motivo por el cual es necesario saber elegir. No parece razonable que se admitan en la DOC vinos que en la tienda cuestan igual o menos de lo que se paga por un kilo de uva, que es la cantidad de uva necesaria para conseguir una botella de vino de 0,75 litros.

País Valenciano

¡Es el paraíso de los moscateles! Esta región, de nombre oficial —que no popular— Comunidad Valenciana, tiene tres Denominaciones de Origen destacadas: la DO Alicante, zona de cooperativas y particulares que elaboran buenos vinos a precios razonables; la DO Valencia, con una subzona que se llama moscatel de Valencia, y la DO Utiel-Requena, una zona vinícola que ha redescubierto la variedad bobal, antes menospreciada y ahora base de muchos buenos vinos. Produce unos vinos mediterráneos que con frecuencia mantienen la personalidad y que actualmente están mejor elaborados que nunca. De todas formas —como siempre— se debe saber lo que se compra.

FRANCIA

La mayor parte de variedades de uvas más globalizadas provienen de Francia, que es el referente mundial de los estilos de vino y de las variedades de uva para vinificación, sin menospreciar otras zonas y variedades europeas de mucho prestigio y calidad que poco a poco se le van acercando. El resurgimiento de las variedades autóctonas de cada país y las nuevas tendencias en enología pueden ir disminuyendo el dominio de los vinos franceses en el podio internacional de los vinos de alta calidad, en beneficio de zonas vinícolas que están desarrollando un potencial que hasta ahora estaba dormido.

Francia está repartida en distintas regiones vinícolas, que engloban algunas subregiones formadas por diferentes *Appellation d'Origine Contrôlée* (AOC), el equivalente de las Denominaciones de Origen españolas. Repasémoslas por encima:

Alsacia

La cordillera de los Vosgos y la orilla oeste del río Rin enmarcan una franja estrecha de terreno de unos 100 kilómetros que va de norte a sur y que forma la región vinícola de Alsacia, mientras que en la otra orilla del río está la zona vinícola alemana de Baden. Estos dos factores y la gran cantidad de colinas que salpican la geografía de Alsacia, junto con una importante diversidad de suelos, crean una gran variedad de microclimas y terruños que son el origen de los *crus* alsacianos.

Alsacia solo tiene dos AOC, la Alsace, que es la AOC genérica de la región, y la Alsace Grand Cru, constituida por los diferentes *crus* alsacianos. Los vinos que lucen en la etiqueta la AOC Alsace Grand Cru deben indicar obligatoriamente el nombre del *cru* del cual proceden y solo pueden ser monovarietales, mientras que los vinos de la AOC Alsace pueden ser tanto monovarietales como multivarietales.

Los vinos alsacianos son mayoritariamente blancos, pero se producen algunos tintos y rosados. Además de los vinos tranquilos habituales hay también vinos espumosos, como el Crémant d'Alsace, y vinos especiales, com los Vendanges Tardives ('vendimias tardías') y los Selection de Grains Nobles ('selección de granos nobles'), dulces, densos y frescos a la vez.

Las variedades nobles de Alsacia son riesling, gewürztraminer, muscat (moscatel) y pinot noir —las únicas permitidas para elaborar *grands crus*—, pero también se encuentran las variedades silvaner, pinot blanco y pinot gris, que se pueden utilizar para la AOC Alsace junto con las nobles.

Burdeos

Es, seguramente, la región vinícola más conocida a nivel mundial después de la Champaña. Sus *châteaux* (fincas con viñas y bodega, y con frecuencia también con un castillo) han sido un modelo imitado en diferentes partes del mundo. La fama de esta región le viene de los vinos tintos, cosa que no quiere decir que no haya buenos vinos blancos, aunque son minoritarios. Los vinos míticos de Burdeos son de una calidad excepcional, con precios también excepcionales.

La región está dividida en tres grandes zonas vinícolas: Médoc, Entre-deux-Mers y Libournais, las cuales se subdividen en más de cincuenta AOC, que pueden ser regionales, subregionales, comarcales o municipales. Las municipales son las AOC de más prestigio y de donde salen los *grands vins de Bordeaux*, que representan una escasa parte del total de vinos que se elaboran en la región.

El Médoc se divide en la AOC Médoc, la AOC Haut-Médoc y la AOC Graves (la zona más famosa de vinos blancos de esta región), las cuales se vuelven a subdividir en otras AOC más pequeñas. En la Haut-Médoc se encuentran las famosas Margaux, Pauillac, Saint-Julien, Saint-Estèphe y Moulis. En Graves está la prestigiosa Péssac-Léognan, de vino tinto y vino blanco, y las Sauternes, Barsac, Cadillac y Loupiac, famosas por sus vinos dulces elaborados con uvas tocadas por la podredumbre noble.

La zona de Entre-deux-Mers elabora vinos correctos, que no pueden competir en prestigio con las dos zonas que la rodean, Médoc y Libournais.

En Libournais destacan la AOC Saint-Émilion y la AOC Pomerol. En esta segunda se produce el mítico vino Pétrus, el único vino del mundo elaborado solo con merlot y que puede llegar a alcanzar calidades y precios que marean.

Los *châteaux* bordeleses del Médoc están clasificados desde 1855 por deseo de Napoleón III y, aunque desde entonces solo se han retocado una vez, con los años se han añadido nuevas categorías para dar visibilidad a buenos vinos que la primitiva clasificación no contemplaba. Esta clasificación es muy compleja y está basada en los precios que los comerciantes ingleses pagaban por los vinos de cada finca en aquella época. En la parte más alta de la clasificación, la de los *premiers crus classés*, solo hay cinco *châteaux*, de los cuales cuatro son del Haut-Médoc y uno de Graves.

En Saint-Émilion la clasificación de los vinos es del 1954. Es más sencilla que la de Médoc y se revisa cada diez años, de manera que mantenerse en los primeros lugares exige demostrar continuamente que se es merecedor. En la categoría más alta solo hay dos *châteaux*.

Las variedades tintas con las que se trabaja en Burdeos son básicamente cabernet sauvignon y cabernet franc (que dominan el Médoc), merlot (que reina en Libournais) y otras variedades minoritarias. Por lo que respecta a las blancas, el protagonismo lo tienen el sauvignon blanco y el sémillon, con el cual se elaboran los vinos licorosos de Sauternes y Barsac.

La Borgoña-Beaujolais

Al igual que la de Alsacia, esta región transcurre de norte a sur durante unos 250 kilómetros, aunque por debajo de la latitud de Alsacia, y acoge más de 120 AOC, entre regionales, subregionales, comarcales, de *premiers crus* —el nombre Grand Cru debe constar en la etiqueta del vino— y los *grands crus*, que por sí solos ya representan una AOC cada uno. Los *crus*, tal como pasa en Alsacia, están determinados por el suelo y el clima de las viñas y pueden pertenecer a un solo o a diferentes propietarios o bodegas, cosa que no pasa en Burdeos, donde el *cru* va ligado a la bodega y le pertenece en exclusiva.

La Borgoña está dividida en las siguientes subregiones: Chablis (cerca de la Champaña), Côte d'Or (la más prestigiosa), Côte Chalonnaise, Mâconnais y Beaujolais. De hecho, Beaujolais pertenece a la Borgoña, pero sus vinos no tienen nada que ver con los del resto de la región.

En la Côte de Nuits, dentro de la Côte d'Or, se encuentran los mejores *grands vins de Bourgogne*, muy apreciados y bien pagados por los aficionados de todo el mundo, que se entusiasman con el pinot noir bien trabajado.

La Borgoña es el reino del chardonnay y el pinot noir, que originan los mejores vinos de la región, pero también el aligoté (blanco) y el gamay (tinto) tienen su lugar en los vinos bordeleses más sencillos. Así mismo, el gamay es mayoritario en la parte de Beaujolais.

La Champagne

Es la zona más fría de la Francia vinícola, lo que hace difícil llegar a completar la maduración de la uva. Cuando una cosecha lo consigue se califica de *millésime*, y los *champagnes* que salen pueden lucir la cosecha en sus etiquetas. Hasta ahora esto es excepcional, pero el cambio climático favorecerá que las cosechas *millésimes* se consigan con más frecuencia.

La zona está constituida por cuatro subzonas: Montagne de Reims (la de más prestigio), Côte des Blancs, Vallée de la Marne, Côte de Sézanne y Côtes des Bars (situada bastante más al sur).

Dentro de la región de la Champagne destaca la AOC Champagne, conocida y apreciada en todo el mundo, que solo admite vinos espumosos (blancos o rosados) elaborados según el método tradicional. Pero también está la AOC Coteaux-Champenois, que elabora sobre todo vinos tintos tranquilos, y la AOC Rosé-des-Riceys, con muy poca producción, que solo acepta vinos tranquilos rosados.

Les viñas de más calidad de la Champagne están clasificadas como *grand cru* (17) o *premier cru* (38), mientras que el resto de viñas, aunque sean aptas para elaborar champán, no disfrutan de este reconocimiento de calidad superior.

Las variedades de uva preferentes de la Champagne son la chardonnay (blanco) y las variedades negras pinot noir y pinot meunier (o simplemente meunier). Otras variedades históricas son casi anecdóticas a pesar de que algunos elaboradores las siguen utilizando.

Jura-Saboya

El Jura es una pequeña zona vinícola, situada entre la Borgoña y Suiza, que acoge la AOC Côtes-du-Jura, la AOC Arbois, la AOC L'Étoile y la AOC Châteaux-Chalon. Además de ser la zona de elaboración del queso comté, la región es famosa por el *vin jaune* ('vino amarillo') —una especie de fino de Jerez— y el *vin de paille* ('vino de paja'), un vino elaborado con uvas que se dejan secar sobre un lecho de paja o colgadas del techo. También se elabora algún vino espumoso.

Las viñas se encuentran en pendientes pronunciadas, plantadas con las variedades tradicionales savagnin, variedad blanca con la que se elabora el *vin jaune*, y trousseau y poulsard, que son negras. También tienen chardonnay y pinot noir.

Por lo que respecta a Saboya, acoge dos de regionales: la AOC Savoie y la AOC Roussette-de-Savoie, además de otras AOC de vinos espumosos y vinos tranquilos. Trabajan con variedades tradicionales de la zona, pero también con chardonnay, aligoté, pinot noir y gamay, más típicas de la Borgoña. Los vinos son mayoritariamente blancos y secos.

El Languedoc-Rosellón

Se trata de una amplia región vinícola que produce casi la tercera parte de todo el vino de Francia. Como pasa con frecuencia, es una zona de poco renombre con verdaderas maravillas elaboradas por bodegas medio ignoradas que creen en lo que hacen y que lo hacen muy bien. La región tiene veintidós AOC, siete de las cuales son de vinos dulces. ¿Quién no ha oído alguna vez nombrar los vinos de Banyuls, de Rivesaltes, o de Maury, lugares donde la garnacha y el muscat sirven para elaborar unos extraordinarios vinos dulces, tanto jóvenes como envejecidos? Esta es una región fronteriza con Cataluña, con quien comparte muchas de las variedades de uva.

Provenza-Córcega

Considerar la isla de Córcega dentro de la misma región de la Provenza parece una broma o un desacierto geográfico, pero es así como el Estado francés lo tiene establecido.

La Provenza es un lugar para perderse unos cuantos días y relajarse, pero también es la zona vinícola más antigua de Francia, donde destaca la AOC Bandol, que elabora vinos tintos y donde predomina la variedad mourvedre (monastrell).

Córcega, por su situación geográfica, ha sido lugar de paso y de intercambio, y el vino forma parte de su particular ADN desde mucho antes de la era cristiana. Ajaccio y Patrimonio son las AOC destacables de la isla, que trabaja con variedades francesas, aunque con frecuencia son conocidas por su nombre en corso.

Sudoeste

La región sudoeste es una zona vinícola que engloba distintas AOC dispersas por un territorio donde no existe ninguna AOC que lidere o que dé prestigio a la región. Con todo, se pueden encontrar buenos vinos, variedades de uva muy locales y alguna bodega que ofrece vinos que realmente trasmiten el territorio. Se trata de una región donde la sencillez es la norma, con alguna agradable sorpresa para los amantes de los vinos que trasmiten carácter y autenticidad.

La AOC Cahors tiene la variedad malbec (también llamada côt) como protagonista. Madiran es la AOC donde predominan las variedades tannat (que triunfa en Uruguay) y gaillac (con una tradición vinícola de dos mil años), y conserva variedades de uva sorprendentes que parece que todavía no han terminado de modelar. El gaillac es también la madre de los vinos espumosos elaborados con el método ancestral, mientras que la AOC Jurançon es com un sauternes mucho más sencillo pero agradable.

Valle del Ródano

Esta región vinícola es perpendicular en el mapa de Francia, se encuentra justo debajo de la región de Borgoña-Beaujolais y sigue el río Ródano durante gran parte de su recorrido. La variedad que da personalidad a este valle es la syrah —con permiso de la variedad blanca viognier, que reina en la pequeña AOC Condrieu—, que en la parte norte de la región acostumbra a estar sola en los vinos pero que, a medida que vamos bajado hacia el Mediterráneo, se va asociando a otras variedades tintas como grenache (garnacha), carignan (cariñena), mourvedre (monastrell) y cinsault. De todas formas, también hay variedades blancas más allá de la viognier, con la roussanne y la marsanne hacia el norte, y la picpoul (picapoll), la bourboulenc y la clairette más al sur.

La región tiene algunas AOC regionales y subregionales, pero las de más prestigio son locales. En la mitad norte destacamos la AOC Condrieu (ya nombrada), la AOC Château-Grillet, la AOC Côte-Rôtie, la AOC Saint-Joseph, la AOC Crozes-Hermitage, la AOC Hermitage, la AOC Cornas y la AOC Saint-Péray. En el sur nos quedamos con la AOC Rasteau, la AOC Gigondas, la AOC Lirac, la AOC Châteauneuf-du-Pape (probablemente la más prestigiosa de esta parte) y la AOC Tavel (famosa por sus vinos rosados).

Valle del Loira

El valle del río Loira recorre horizontalmente el mapa de Francia, desde Nantes (en el Atlántico) hasta Orleans, y baja perpendicularmente unos pocos kilómetros hasta Pouilly-sur-

Loire, en el Macizo Central, que es donde nace el río. Durante los más de 600 kilómetros de recorrido, el río pasa por diferentes terrenos, climas y microclimas que originan, en ambas orillas del río, las setenta AOC que acoge esta región vinícola francesa.

La región se divide en cinco grandes subregiones: Pays Nantais, el reino de la variedad muscadette; Anjou-Saumur, donde el chenin blanco y el cabernet franc son dominantes; Touraine, con las prestigiosas AOC Vouvray y AOC Montlouis; siguiendo por el Loira Central, con AOC de tanto nivel como son la AOC Sancerre y la AOC Pouilly-Fumé, donde la variedad estrella es el sauvignon blanc; hasta llegar al Macizo Central, con vinos de calidad inferior. En el valle del Loira también hay viñas de cabernet sauvignon, grolleau, gamay, côt, chardonnay y otras variedades menos significativas.

ITALIA

Aunque Italia acostumbra a ser normalmente el primer productor de vino del mundo —todo depende de la cosecha—, sus vinos son muy poco conocidos fuera del país, con la excepción del chianti, el prossecco, el lambrusco y poco más. E incluso en estos casos se conoce solo la gama más sencilla, que es la que ofrecen las pizzerías más básicas de todo el mundo, excepto, claro, las de Italia.

Un hecho que dificulta el conocimiento de los vinos italianos es la nomenclatura de sus numerosas Denominaciones de Origen, que con frecuencia mezclan en su nombre la variedad de uva con los municipios o regiones donde se encuentran las viñas, y esto hace que sea bastante complicado para el consumidor que no es italiano hacerse una idea de la ubicación y del nivel de calidad de la zona. El hecho de que muchas denominaciones se encabalguen geográficamente y que muchas bodegas estén en unas cuantas denominaciones a la vez no ayuda, precisamente, a esclarecer el panorama.

La tradición vinícola de Italia, tal y como la conocemos actualmente —recordemos que Italia no se unificó en un solo estado hasta 1861— proviene de unos cinco siglos antes de nuestra era, de manera que, actualmente, tiene un patrimonio de unas 1.500 variedades de uva tradicionales —muchas veces de alcance solo regional o local (algunas de un altísimo nivel de calidad cuando se trabajan bien)— que no excluye la presencia relativamente reciente de las variedades de origen francés más conocidas. Si a esto le añadimos una gran diversidad de climas, microclimas y suelos, veremos pronto que el abanico de los tipos de vino italianos es impresionante.

Para mirar de poner un poco de orden y orientar al consumidor inexperto, desde el año 1992 las más de 325 Denominaciones de Origen han sido divididas en dos categorías:
- **DOC**: *Denominazione d'Origine Controllata*, que equivale a las DO españolas.
- **DOCG**: *Denominazione d'Origine Controllata e Garantita*, de categoría superior, que equivale a las DOC españolas. Estas comparten mercado con las más de 110 IGT (*Indicazione Geografica Tipica*), el equivalente de los Vinos de la Tierra españoles o de los *Vins du Pays* franceses.

Pero en 2009 esto cambió y —aunque se mantienen las categorías del 1992— se han incorporado dos más:
- **DOP** (*Denominazione d'Origine Protetta*).
- **IGP** (*Indicazione Geografica Protetta*).

Las regiones vinícolas italianas son una veintena, pero para situarnos geográficamente podemos dividir mentalmente el mapa del país en tres partes: el norte, el centro y el sur, siguiendo un gradiente de temperaturas que va del frío de los Alpes hasta el calor de Calabria o Sicilia.

Norte

Esta zona engloba las regiones del valle de Aosta, Piamonte, Liguria, Lombardía, Trentino Alto Adige, Véneto y Friul-Venecia Julia.

Dentro de esta región son conocidos especialmente los vinos del Piamonte (barolo, barbaresco, gavi, asti, etc.), Lombardía (Franciacorta —uno de los grandes vinos espumosos del mundo), Trentino (trento, teroldego rotaliano) y Véneto (Amarone della Valpolicella). Los Prosecco di Conegliano-Valdobbiadene son también de esta parte de Italia.

Centro

Aquí se encuentran las regiones vinícolas de Emilia-Romaña (Lambrusco), Toscana (Bolgheri, Brunello di Montalcino, Chianti, Vin Santo del Chianti, Vino Nobile de Montepulciano, etc.), Marcas (Verdicchio di Matelica), Umbría (Montefalco Sagrantino), Lacio (Frascati, Est! Est!! Est!!! di Montefiasconi) y Abruzos y Molise (Montepulciano d'Abruzzo).

Sur

Se trata de la parte más cálida de Italia y la forman las regiones de Campania (Taurasi, Fiano di Avellino, Greco di Tufo), Apulia (Primitivo di Manduria), Basilicata (Aglianico del Vulture), Calabria (Greco di Bianco), Sicilia (Marsala, Malvasia delle Lipari, Moscato di Pantelleria) y Cerdeña (Carignano del Sulcis, Vermentino di Gallura).

Desarrollar un poco por encima todo este grupo de zonas vinícolas, con la gran cantidad de DOC y DOCG que contienen y sus peculiaridades, ocuparía un espacio de que no disponemos, de manera que animo a los amantes del vino con curiosidad de descubrir cosas nuevas que se dirijan a algún consulado, instituto de cultura u oficina de comercio de Italia, donde probablemente los podrán informar más ampliamente de lo que me permite este libro.

El mundo del vino italiano es muy complejo y cambiante, pero vale la pena asomarse para descubrir en él cosas realmente buenas y sorprendentes. Y, si es posible, mejor de la mano de algun experto que nos haga de guía.

PORTUGAL

Por lo que respecta a vinos, Portugal es el gran desconocido para el consumidor europeo y, por extensión, para todos los consumidores de vino del mundo. Si dejamos de lado los vinos de Oporto —con una merecida fama— y quizás los de Madeira, es casi imposible que un consumidor normal de vino pueda nombrar otras tres regiones vinícolas portuguesas. Este hecho —especialmente a los más próximos geográficamente hablando— nos tendría que dar vergüenza.

Un poco como pasa en Italia —e insisto en *un poco*— la cantidad de variedades de uva propias y los diferentes suelos y microclimas que existen en toda la geografía portuguesa crean unas condiciones que favorecen vinos de mucha calidad, siempre que haya una auténtica vocación vinícola, porque las circunstancias con frecuencia no ayudan.

Siguiendo las directrices de la Unión Europea, Portugal ampara los vinos de más calidad en más de treinta DOC (*Denominação de Origem Controlada*), muchas de las cuales un buen amante del vino debería probar alguna vez en la vida.

Si hacemos como en el caso de Italia y dividimos Portugal en tres partes, tendremos el siguiente reparto de las principales zonas vinícolas y DOC portuguesas:

Norte

Con la DOC Vinho Verde, la DOC Porto, la DOC Douro, la DOC Dão y la DOC Bairrada.

Centro

Contiene la DOC Beiras Interior y la DOC Ribatejo.

Sur

Conforman esta zona la DOC Algarve, la DOC Alentejo y la DOC Moscatel de Setúbal.

A parte quedaría la isla de Madeira, famosa por sus vinos fortificados —con añadidos de alcohol o aguardiente de vino—, secos y dulces, que compiten con los mismos tipos de vino que se elaboran en la DOC Porto. Si os informáis de cómo se elaboran estos vinos, os sorprenderéis de las curiosidades que esconden.

La enología portuguesa se basa en sus propias variedades de uva y en una manera de hacer el vino enraizada en la tradición y en el territorio.

ALEMANIA

A pesar de que Alemania es una zona eminentemente cervecera, el vino no les es un producto extraño y es el cuarto país productor de la Unión Europea. Los vinos alemanes se han empezado a conocer por parte de los consumidores aventajados a partir del protagonismo que alcanzó la variedad riesling como base de grandes vinos blancos de guarda. Pero, a pesar de que la riesling es la variedad más apreciada, las bodegas alemanas trabajan con unas ciento cuarenta variedades de uva, la mayoría blancas.

¿Existen buenos vinos en Alemania? Categóricamente, sí. Lo que pasa es que las principales y más prolíficas zonas productoras acostumbran a elaborar vinos de precios asequibles que esconden los mejores vinos de cada región. Solo en las zonas frías y de pequeño tamaño son frecuentes unos vinos que a veces son espectaculares.

En Alemania, la clasificación de los vinos varía substancialmente respecto a los países mediterráneos. Si en España o en Francia existen las Denominaciones de Origen, que unen calidad y zona geográfica, los vinos alemanes diferencian en la etiqueta el nivel de calidad del vino y la zona geográfica de procedencia.

La Alemania vinícola está repartida en 13 regiones productoras (*Anbaugebiete* en alemán) y 39 subregiones (*Bereich*) que casi siempre siguen el curso de un río, sobre todo del Rin y sus afluentes. El nombre de la región debe constar obligatoriamente en las etiquetas de los vinos de calidad (*Qualitätswein*). Dentro de estos vinos de calidad —que equivaldría a la calidad de nuestros vinos con DO— hay dos categorías:

- **QbA:** *Qualitätswein bestimmter Anbaugebiete*, que podemos traducir por 'vinos de calidad producidos en una región vinícola concreta'.
- **QmP:** *Qualitätswein mit Prädikat* (a veces llamada *Prädikatswein*), que serían los QbA con una de las seis categorías específicas que marca la legislación alemana: *Kabinett, Spätlese, Auslese, Beerenauslese, Trockenbeerenauslese* y *Eiswein* (literalmente 'vino de hielo').

Esto por lo que respecta a la calidad y al tipo de vino, pero en cuanto a la clasificación de las viñas o fincas no existe una reglamentación oficial. De todas formas, la asociación privada VDP (*Verband Deutscher Prädikatsweinguter*), que significa 'asociación alemana de bodegas productoras de vinos de calidad', ha hecho su propia clasificación de las fincas, que no tiene un reconocimiento legal pero que sirve de orientación:

- **Gutsweine:** Es un vino elaborado con uvas de viñas que son propiedad de la bodega.
- **Ortsweine:** Son vinos elaborados con variedades tradicionales alemanas procedentes de viñas de alta calidad ubicadas dentro del municipio correspondiente, que siempre consta en la etiqueta.
- **Erste Lage:** Se trata de vinos elaborados con uvas de fincas de mucha calidad. Sería el equivalente de un *cru* francés.
- **Grosse Lage:** En estos casos, las fincas deben tener calidad y prestigio excepcionales y sería el equivalente de los *premier cru* de Francia.

Estas catalogaciones las podemos encontrar en los vinos de los socios de la VDP, pero no en otros vinos que no estén reconocidos por esta asociación de bodegas.

Todavía existen más categorías, tipos y clasificaciones de vinos alemanes, pero con este resumen de las más importantes probablemente ya nos hemos atolondrado lo suficiente. Un establecimiento especializado será siempre una gran ayuda para descifrar la etiqueta de un vino alemán hasta que no tengamos el rodaje suficiente.

Las regiones productoras de Alemania son, más o menos de norte a sur:

- **Ahr**: Una zona de buenos vinos donde domina el tinto, sobre todo elaborado con spätburgunder (pinot noir). Así mismo se utilizan también variedades tintas alemanas.
- **Saale-Unstrut**: En la antigua República Democrática de Alemania, esta región sigue el curso del río Saale, con unos magníficos paisajes y buenos vinos a lo largo del recorrido.
- **Sajonia**: También en la antigua República Democrática de Alemania. Tienen fama los vinos espumosos del valle del Elba.
- **Mittelrhein**: Es una zona con viñas muy empinadas —cosa habitual en toda la Alemania vinícola— que sigue el curso del Rin. En esta región se encuentra la famosa roca Loreley, alrededor de la cual nació la conocida leyenda que inspiró una ópera.
- **El Mosela**: Se trata de una de las mejores regiones vinícolas alemanas, donde la riesling es protagonista.
- **Rheingau**: Es una zona con excelentes vinos elaborados con riesling y con buenos vinos tintos hechos con spätburgunder.
- **Rheinhessen**: Es la zona vinícola más grande de Alemania, con unas 26.000 hectáreas de viña, y su clima favorece la buena maduración de las uvas. Dominan los vinos blancos y elaboran el típico y conocido tipo de vino *Liebfraumilch*, un vino sencillo, agradable, fresco y barato que se ha instalado en el imaginario popular y que no deja que se luzcan los vinos de más calidad de la región.
- **Nahe**: Se trata de una pequeña región donde los suelos volcánicos de la parte norte permiten elaborar grandes vinos blancos.
- **Hessische Bergstrasse**: Es la parte de la *Bergstrasse* ('carretera de montaña') que es una antigua vía de comunicación romana. Con poco más de 420 hectáreas de viña es la más pequeña de todas las regiones vinícolas alemanas, pero sus vinos son buenos.
- **Franconia**: Es una zona donde la variedad silvaner es la dominante. Los buenos vinos de la región van en unas características botellas redondas y planas que recuerdan a una mandolina.
- **El Palatinado**: Se trata de la segunda región con más viña de Alemania (casi 24.000 hectáreas), donde dominan los vinos blancos y destacan los riesling.

- **Würtemberg**: Es una zona donde los vinos tintos mandan. Normalmente se elaboran con variedades tintas tradicionales alemanas, como la trölinger o la lemberger.
- **Baden**: Esta zona tiene uno de los climas más suaves del país y dispone de muchas cooperativas. Dominan los vinos blancos, pero existen también vinos tintos.

Si os gustan los buenos vinos blancos debéis conocer los vinos alemanes. Por 12 o 15 euros podéis encontrar vinos sencillos pero buenos.

AUSTRIA

Aunque desde hace unas décadas los vinos austríacos han mejorado mucho su calidad, para el consumidor de cualquier parte del mundo siguen sin tener demasiado interés. Y no será porque no tengan una tradición vinícola de siglos, porque esta existe de sobras, sino que probablemente se debe a que los vinos alemanes los han eclipsado a ojos del gran público.

Ciertamente, los tipos de vinos austríacos y los alemanes —incluso sus respectivas reglamentaciones— tienen un considerable parecido, pero esto no quita que sea necesario considerar a Austria como un país productor de buenos vinos, más allá de algún histórico escándalo y del hecho de que los vinos básicos son realmente de poca categoría, cosas que por desgracia han empañado mucho su buena imagen.

Las viñas austríacas están plantadas con variedades tradicionales como la blanca —y mayoritaria— grüner veltliner, o la tinta zweigelt, cosa que no impide la presencia abundante de variedades alemanas y francesas que conviven sin problemas con las austríacas.

Las dieciséis distintas regiones vinícolas de Austria —que deben constar en las etiquetas de los vinos austríacos de calidad (*Qualitätswein*)— están mayoritariamente en la parte este del país, tocando a Eslovenia, Eslovaquia y Hungría, y podríamos decir que están repartidas en cuatro zonas principales:

La Baja Austria

Donde destacan las regiones de Wachau y de Kamptal. Aquí se encuentra también la región vinícola más extensa de Austria, Weinviertel, aunque de calidad más moderada.

Burgenland

Es la zona más cálida, de manera que es la mejor para conseguir una buena maduración de las variedades tintas. Neusidlersee es, probablemente, la región más importante de esta zona, con unos vinos dulces de calidad equiparables a algunos de los alemanes.

Estiria

Aquí es Weststeiermark la región con más reputación, sobre todo por sus riesling, y porque aquí se encuentra la histórica y turística ciudad de Graz.

Viena

Es la pequeña región que rodea la ciudad de Viena, con unas 700 hectáreas de viña y que está incrustada en el medio de la zona vinícola de la Baja Austria. Los vinos de esta región se consumen básicamente en la misma ciudad de Viena, en las típicas tabernas (*Heurigen*), donde la comida y el vino van de la mano y que son buscadas con deleite por los turistas que visitan la ciudad.

INGLATERRA

La Gran Bretaña en general, pero Inglaterra en particular, ha sido tradicionalmente uno de los mayores clientes y consumidores de los vinos franceses y españoles de calidad. De hecho, sin ellos no existirían los vinos de Jerez, Oporto o Burdeos tal como los conocemos actualmente.

Desdichadamente para ellos, la propia producción vinícola ha sido históricamente más simbólica que real, pero con el cambio climático que ya ha empezado a trastocar el mundo las expectativas de futuro para los pocos vinos ingleses que se elaboran son cada vez más optimistas.

Si nos ceñimos a los vinos que ahora se elaboran en Inglaterra, vale la pena considerar a los vinos espumosos, de calidad alta y de precios bastante razonables. Y poca cosa más que esté al alcance del consumidor que no sea británico.

De todas formas, los comercios ingleses especializados tienen un buen surtido de vinos de todo el mundo. Vale la pena visitarlos.

HUNGRÍA

En general, el consumidor internacional de vinos solo conoce de Hungría los vinos de Tokaji —y, con frecuencia, ni estos—. Se trata de una amplia gama de vinos dulces procedentes de uvas afectadas por la podredumbre o moho gris (botritis), en los cuales la acidez y el dulzor establecen un encantador equilibrio. Según la intensidad del dulzor tendremos un tipo u otro de tokaji. Las variedades de uva para elaborar estos vinos son tradicionales húngaras.

En Hungría se producen también vinos secos, elaborados mayoritariamente con variedades de uva tradicionales húngaras o de países vecinos, pero su nivel de calidad no puede competir por ahora con el de muchos otros vinos europeos.

OTROS PAÍSES PRODUCTORES

Eslovenia, Moldavia, Rumanía, Polonia, República Checa, Eslovaquia, Bulgaria y todos los países del este de Europa producen algún tipo de vino, que normalmente se destina al consumo local. La calidad de estos vinos es muy discreta en los mejores casos, e inferior en el resto. El dominio de la antigua URSS determinó su modelo productivo, y ahora les cuesta incorporarse a los mercados mundiales con una calidad suficiente para ser aceptados.

Dentro de este grupo de productores, Moldavia y Eslovenia son probablemente los países más avanzados en temas vinícolas y, si bien los vinos moldavos están elaborados con frecuencia con variedades francesas, los eslovenos se basan más en sus propias variedades.

Un caso a parte es Suiza, un pequeño productor de grandes vinos —básicamente blancos— difíciles de encontrar y de precios elevados. Si se tiene la oportunidad, vale la pena probar alguno antes de que el médico nos prohíba beber.

Manzanilla Solear en Rama «Saca de Invierno»

La historia de la bodega empieza en 1821, cuando la familia Barbadillo se instala en Sanlúcar de Barrameda. En 1954 se funda lo que actualmente es una de las bodegas más grandes de la zona, con 500 hectáreas de viña propia, 17 bodegas de crianza y más de 30.000 botas para envejecer sus vinos.

Tipo de vino
Blanco generoso con crianza biológica.

Origen
Andalucía (DO Jerez-Xérès-Sherry y Manzanilla - Sanlúcar de Barrameda).

Bodega
Bodegas Barbadillo.

Uvas
100% de palomino fino, procedente de cepas plantadas sobre suelos calcáreos esponjosos y profundos (*albarizas*) que retienen el agua y reflejan la luz del sol.

Elaboración
Se fermenta el mosto de la uva, se remonta el alcohol hasta el 16% vol. y se sigue el método habitual de criaderas y soleras, con una crianza biológica de ocho años en bota. Cada estación del año se hace una saca (sacar una parte del vino), que se embotella a continuación.

Descripción
Un vino muy elegante, de color oro viejo, con matices aromáticos de mar (sal y yodo), notas de frutos secos y masa de pan fermentando. En boca es seco, un punto alcohólico y untuoso, y se multiplican las sensaciones aromáticas.

Combina con...
Croquetas de bacalao, jamón de bellota, almendras saladas.

Otros vinos de la bodega
Castillo de San Diego, Cuco, Eva, La Cilla, Laura, Obispo Gascón, Príncipe, Reliquia, San Rafael, Solear y Pastora. También elaboran brandi.

Precio
17 euros.

www.barbadillo.com

Botani

La bodega se fundó en 2004. Controlan 80 hectáreas de viña de suelos muy pobres de pizarra y cuarzo blanco, plantadas en los años 1946, 1975 y 1968 en pendientes de hasta el 70% de inclinación. Debido a la orografía del terreno se trabaja con mulas y azadas.

Tipo de vino
Blanco con crianza sobre las madres.

Origen
Andalucía (DO Málaga - Sierras de Málaga).

Bodega
Bodegas Jorge Ordóñez.

Uvas
100% de moscatel de Alejandría de cepas de entre treinta y cien años, situadas en tres fincas de la zona de La Axarquía, entre los 400 y los 600 metros de altitud. Los rendimientos raramente sobrepasan los 1.000 kilogramos por hectárea.

Elaboración
La fermentación alcohólica se hace con levaduras salvajes en depósitos de acero inoxidable. El vino se pasa ocho meses con sus madres y después se trasiega y se deja clarificar estáticamente.

Descripción
Es un vino blanco seco, untuoso, con recuerdos de flores y frutos blancos (azahar especialmente), alcohol integrado y con un regusto suave y sutilmente amargo.

Combina con...
Un *cebiche* de lubina.

Otros vinos de la bodega
Viñas Viejas, Botani Muscat, Botani Garnacha, Botani Espumoso, Nº 1, Nº 2, Nº 3 y Nº 4. También elabora vinos dulces que se acogen a la DO Málaga.

Precio
13 euros.

www.grupojorgeordonez.com

Fino
C.B. Alvear

La bodega se fundó en 1729 y es la más antigua de Andalucía y la segunda más antigua de España. Actualmente dirige la bodega la octava generación de la familia Alvear. Tienen capacidad para envejecer unos 5 millones de litros de vino. Las siglas C.B. hacen referencia a Carlos Billanueva, capataz de la bodega hace doscientos años.

Tipo de vino
Blanco generoso con crianza biológica bajo velo.

Origen
Andalucía (DO Montilla-Moriles).

Bodega
Bodegas Alvear.

Uvas
100% de pedro ximénez de suelos calcáreos típicos de la zona, que se conocen como albarizas.

Elaboración
Como se trabaja con uvas pedro ximénez de alta concentración de azúcares no es necesario añadir alcohol a este vino generoso en ningún momento de su elaboración. Después de fermentar los mostos se hace una selección de los vinos resultantes y los más adecuados pasan a la crianza bajo velo, por el sistema de criaderas y soleras típico de Jerez. Esta crianza dura un mínimo de cuatro años en botas de roble americano de 500 litros.

Descripción
Este vino tiene un color amarillo paja brillante y aromas de levaduras y de frutos secos. Cuando lleva un rato en la copa surgen notas aromáticas de especias exóticas y de apio. Al beberlo es seco, con una punta alcohólica, ligero, persistente y muy sutilmente salino.

Combina con...
Jamón ibérico de bellota.

Otros vinos de la bodega
Tienen 16 vinos más que se elaboran con pedro ximénez y uno con moscatel.

Precio
7 euros.

www.alvear.es

Las Rocas Garnacha Viñas Viejas

La bodega es del 1962, pero en la zona se han encontrado pepitas de uva garnacha del siglo II aC. Las viñas están situadas en pendientes entre los 700 y los 1.100 metros de altitud, la lluvia es escasa y los suelos son pobres en nutrientes. Elaboran 3 millones de botellas anuales.

Tipo de vino
Tinto con crianza en bota.

Origen
Aragón (DO Calatayud).

Bodega
Bodegas San Alejandro.

Uvas
100% de garnacha tinta de cepas de entre ochenta y cien años, sobre suelos de pizarra, que dan un rendimiento de solo 1.500 kilogramos por hectárea.

Elaboración
La fermentación alcohólica se hace en depósitos de acero inoxidable con maceraciones totales de treinta días. Después de la fermentación maloláctica el vino se somete a una crianza en botas de roble (60% francesas y 40% americanas) durante doce meses.

Descripción
Una garnacha aromática donde destacan los frutos rojos y negros maduros, mezclados con la aportación de la bota y los recuerdos de plantas de montaña. El vino es largo, potente, equilibrado, con los taninos suaves y pulidos y deja un rastro de fruta por toda la boca.

Combina con...
Pato asado con salsa de frutos del bosque.

Otros vinos de la bodega
Con las marcas Viñas de Miedes, Baltasar Gracián y Evodia elaboran 18 referencias de vino.

Precio
12 euros.

www.san-alejandro.com

Borsao Tres Picos

Esta bodega —el principal motor de la DO— es una cooperativa fundada en 1958, que en el año 2001 se fusionó con otras cooperativas de la zona. Controlan 2.260 hectáreas de viña, que pertenecen a más de 375 socios viticultores, y básicamente tienen plantada garnacha tinta.

Tipo de vino
Tinto con crianza en bota.

Origen
Aragón (DO Campo de Borja).

Bodega
Bodegas Borsao.

Uvas
100% de garnacha tinta de viñas de entre treinta y cinco y sesenta años, situadas a unos 650 metros de altitud, con clima continental y la influencia del cierzo (viento frío y seco) que sopla desde el Moncayo.

Elaboración
Se vendimia manualmente en cajas de 20 kilogramos. Después se produce una maceración pelicular de la uva durante unos veinte días y, posteriormente, se induce la fermentación alcohólica en depósitos de acero inoxidable. La crianza se produce en botas de roble francés durante cinco meses.

Descripción
Según el crítico de vino de los Estados Unidos Robert Parker, este es uno de los mejores vinos del mundo por lo que respecta a la relación entre calidad y precio. El color es intenso y los olores nos traen recuerdos de frutos rojos y ciruelas negras. Es un vino potente, largo y fácil de beber.

Combina con...
Un estofado de buey al vino tinto.

Otros vinos de la bodega
Blanco, Rosado, Tinto Joven, Crianza, Reserva, Berola, Bole, Zarihs y Viña Borgia.

Precio
14 euros.

www.bodegasborsao.com

«S» de Aylés

Es una de las bodegas más significativas de esta DO y en 2010 obtuvo la categoría de Vino de Pago (la más alta de la legislación española), a pesar de la juventud de la bodega, que se fundó en 1994. La finca tiene más de 3.000 hectáreas, de las cuales 90 son de viña, trabajada con el máximo respeto hacia el medio natural.

Tipo de vino
Tinto con crianza en bota.

Origen
Aragón (DO Cariñena).

Bodega
Pago de Aylés.

Uvas
100% de garnacha tinta, procedente de viñas situadas a 600 metros de altitud sobre suelos arcillocalcáreos.

Elaboración
La vendimia se hace durante la noche para preservar los aromas de la uva y garantizar la frescura de la fruta. Cuando la uva está en la bodega, se la somete a una criomaceración y se pasa a depósitos de acero inoxidable, donde hace la fermentación alcohólica. La fermentación maloláctica se produce en botas de roble francés de 225 litros. Posteriormente, el vino se somete a una crianza de doce meses en botas de roble francés (90%) y americano (10%), de los tipos bordelés y borgoñón.

Descripción
Color de media intensidad. Abanico aromático en el que encontramos frutos del bosque, especias y recuerdos de plantas aromáticas del monte mediterráneo. Al beberlo notamos una buena acidez, un cuerpo mediano y unos taninos pulidos. El conjunto es fresco, agradable y goloso.

Combina con...
Un ternasco, o unas *tortetas* aragonesas.

Otros vinos de la bodega
«A», «Y», «L», «E», 3 de Tres Mil y 9 vinos más bajo la marca Aldeya.

Precio
13 euros.

www.pagoayles.com

Viñas del Vero Gewürztraminer Colección

Se trata de una bodega de la órbita de González Byass desde 2008, pero fue fundada en 1986. Tienen más de 500 hectáreas propias de viña y controlan 500 más. Actualmente es la principal bodega de Somontano.

Tipo de vino
Blanco sin crianza.

Origen
Aragón (DO Somontano).

Bodega
Viñas del Vero.

Uvas
100% de gewürztraminer del Pago El Enebro (a 400 metros de altitud), plantado en 1990 sobre suelos francos de yeso poco hondos. Una uva de origen continental que se ha adaptado al Somontano.

Elaboración
Cuando la uva llega a la bodega se le hace una maceración pelicular de siete horas a baja temperatura, después se la prensa con suavidad y se separa el mosto flor, que será el que —una vez fermentado— originará este vino. Cuando el vino ha terminado de fermentar se estabiliza con frío, se filtra y se embotella. En la bodega se trabaja sin bombas, aprovechando la gravedad.

Descripción
Probablemente es uno de los mejores gewürztraminer de la península Ibérica. En su composición aromática destacan las frutas exóticas y florales. En boca es graso, perfumado y muy fácil de beber, incluso para los poco aficionados al vino.

Combina con...
Platos picantes de origen asiático.

Otros vinos de la bodega
Entre las marcas Viñas del Vero y Viñas del Vero Colección tienen 12 vinos más, muchos monovarietales.

Precio
10 euros.

www.vinasdelvero.es

Gran Vinya Son Caules

La dedicación a la viña y a la experimentación son la base de esta bodega, que tiene 9 hectáreas de viña repartidas en diez parcelas de tres municipios de Mallorca. Trabaja con treinta variedades de uva, entre las cuales algunas son experimentales.

Tipo de vino
Tinto con crianza en bota.

Origen
Islas Baleares, Mallorca (DO Pla i Llevant de Mallorca).

Bodega
Miquel Gelabert.

Uvas
90% de callet, 10% de manto negro y de fogoneu, de viñas de unos sesenta años.

Elaboración
La uva se recoge en dos o tres veces para asegurar la calidad y el grado de maduración. Se fermenta en depósitos de acero inoxidable con levaduras autóctonas y se hace una crianza de doce meses en botas de roble francés, caucasiano y americano. Solo se produce este vino en las añadas de mucha calidad.

Descripción
Color intenso y perfil aromático en el cual sobresalen aromas de frutos del bosque y negros confitados, especias y notas lácticas, de cacao y de cuero. El vino es corpulento, equilibrado y largo, y los taninos son intensos pero pulidos.

Combina con...
Estofado de jabalí.

Otros vinos de la bodega
En total elaboran 22 vinos, y destacan Sa Vall, Vinya Son Caules, Torrent Negre, Vinyes des Moré, selección Privada, Petit Torrent y Golós.

Precio
24 euros.

www.vinsmiquelgelabert.com

Ses Nines
Blanc Selecció

La bodega abrió sus puertas en el año 2007, aunque el proyecto empezó en 2004 a partir de una viña de manto negro de treinta y cinco años. Actualmente tienen unas 35 hectáreas de viña sobre suelos de *call vermell* (suelos calcáreos arcillosos, con presencia de hierro que los hace rojizos). En la etiqueta de este vino aparece una fotografía de la madre de los propietarios cuando era pequeña.

Tipo de vino
Blanco con crianza en bota.

Origen
Islas Balears (DO Binissalem Mallorca).

Bodega
Tianna Negre.

Uvas
58% de prensal blanco, 37% de chardonnay y 5% de moscatel de Frontignan.

Elaboración
La uva se desraspa y se somete a una maceración pelicular antes de prensarla. A media fermentación la mitad del chardonnay se pasa a botas nuevas, donde termina de fermentar y donde reposa durante ocho semanas.

Descripción
Abanico aromático con protagonismo de los recuerdos florales, de frutos blancos y tropicales y con matices de las madres y de plantas medicinales. Es un vino de cuerpo medio, untuoso y fresco.

Combina con...
Bacalao fresco al horno con cebollas y habitas tiernas.

Otros vinos de la bodega
Tienen 17 vinos amparados con las marcas Randemar, Ses Nines, El Columpio, Tianna y Velorose.

Precio
14 euros.

www.tiannanegre.com

La Atalaya del Camino

Esta bodega pertenece al grupo Gil Family States. Gestiona unas 70 hectáreas de viña y está ubicada en una zona donde dominan los terrenos calcáreos y con un clima continental.

Tipo de vino
Tinto con crianza en bota.

Origen
Castilla - La Mancha (DO Almansa).

Bodega
Bodegas Atalaya.

Uvas
85% de garnacha tintorera y 15% de monastrell, de cepas plantadas sobre suelos arenosos de base calcárea y situados entre 700 y 1.000 metros de altitud.

Elaboración
A la fermentación alcohólica le sigue una maceración posterior dentro del mismo depósito, y todo dura unos veinte días. Después se provoca la fermentación maloláctica. Cuando se termina el proceso, se somete a una crianza de doce meses en botas de roble francés.

Descripción
Es un vino de color intenso, con una gran complejidad aromática donde destacan los aromas de frutos rojos, especias y unos matices refrescantes y balsámicos de plantas aromáticas. Al beberlo lo encontramos carnoso, estructurado y con los taninos marcados pero pulidos. El paso de boca es amable y con sensación de plenitud y armonía.

Combina con...
Una carrillada de cerdo ibérico estofada.

Otros vinos de la bodega
Laya, Alaya y Alaya Tierra.

Precio
12 euros.

www.bodegasatalaya.es

Reto

La albilla de Manchuela es muy minoritaria y solo quedan 50 hectáreas en producción. La bodega tiene 17 hectáreas de viña vieja propia, en vaso, a unos 750 metros de altitud, que trabajan según criterios biodinámicos. Es de las únicas bodegas españolas que tienen cepas sobre pie franco.

Tipo de vino
Blanco fermentado y criado en bota.

Origen
Castilla - La Mancha (DO Manchuela).

Bodega
Bodegas y Viñedos Ponce.

Uvas
100% de albilla de Manchuela, procedente de 5 hectáreas de viña de más de sesenta años sobre suelos graníticos, arcillosos y calcáreos.

Elaboración
La uva se prensa justo al llegar a la bodega. La fermentación alcohólica se hace con las mismas levaduras salvajes, un 60% en botas de roble de 600 litros y el resto en tinas también de roble de 4.500 litros de capacidad. La crianza transcurre en estos mismos recipientes durante ocho meses.

Descripción
Aromáticamente desprende olores de herbolario, notas florales y algunos toques anisados. Es untuoso, fresco, con alguna chispa de salinidad, ágil en boca, con una acidez integrada y fresca y muy fácil de beber sin ser delgado.

Combina con...
Bacalao a la muselina de ajo.

Otros vinos de la bodega
Buena Pinta, Clos Lojén, La Casilla y P.F.

Precio
13 euros.

www.bodegascollado.com

Tres Patas

Desde su fundación en 2004 han buscado —y lo han conseguido— prestigiar la DO Méntrida potenciando los vinos de viña vieja, sobre todo de garnacha tinta. Actualmente no llegan a las 20 hectáreas de viña propia.

Tipo de vino
Tinto crianza en bota de roble.

Origen
Castilla - La Mancha (DO Méntrida).

Bodega
Bodegas Canopy.

Uvas
Desde la cosecha del 2014 es 100% de garnacha tinta. Las cepas tienen más de cincuenta años y se encuentran en suelos silíceos sobre roca madre granítica, a unos 800 metros de altitud y conducidos en vaso en un marco de plantación estrecho.

Elaboración
Vendimia manual y maceración prefermentativa a baja temperatura. La crianza es de doce meses en botas de roble de 500 y 600 litros de capacidad y en tinas de roble de 1.500 litros. El vino no se filtra ni se estabiliza.

Descripción
Vino carnoso, con los taninos pulidos, de cuerpo mediano y buen volumen de boca. Destacan matices de especias y recuerdos de hojarasca y tierra húmeda, con una gran presencia de frutos rojos y negros que la crianza en bota ha respetado.

Combina con...
Patés caseros de cerdo o de caza.

Otros vinos de la bodega
Malpaso, Congo, La Viña Escondida y Kaos.

Precio
14 euros.

www.bodegascanopy.com

Volver

Bodegas Volver se fundó en 2004 y tiene bodega propia en las Denominaciones de Origen de La Mancha, Jumilla y Alicante. Están recuperando viejas viñas de poca producción de las variedades tradicionales de cada una de las DO para elaborar vinos que den prestigio a las zonas.

Tipo de vino
Tinto con crianza en bota.

Origen
Castilla - La Mancha (DO La Mancha).

Bodega
Bodegas Volver.

Uvas
100% de tempranillo de cepas de sesenta años de la finca Los Juncares. La finca tiene 29 hectáreas, se encuentra a 660 metros de altitud y los suelos son areniscos con una alta proporción de calcárea.

Elaboración
Vendimia manual con selección de la uva en la viña. Fermentación alcohólica en depósitos de acero inoxidable, fermentación maloláctica en las botas y crianza de doce a quince meses en botas de roble francés.

Descripción
Es un vino carnoso, concentrado y con volumen, que aromáticamente combina frutas maduras, especias y una gran variedad de matices ahumados, de hojarasca y de tierra mojada.

Combina con...
Queso manchego curado.

Otras marcas de las bodegas
Paso a Paso (DO La Mancha), Wrongo Dongo (DO Jumilla), Tarima (DO Alicante).

Precio
11 euros.

www.bodegasvolver.com

El Castro de Valtuille Barrica

Las raíces vinícolas de la familia se deben buscar hacia 1712. El nombre proviene de un antiguo campamento militar romano que se encuentra cerca de la bodega. Tienen 60 hectáreas de viña repartidas en trescientas parcelas por las cercanías de la bodega. El enólogo es Raúl Pérez, uno de los más experimentados elaboradores de vinos hechos con mencía.

Tipo de vino
Tinto con crianza en bota.

Origen
Castilla y León (DO Bierzo).

Bodega
Bodegas y Viñedos Castro Ventosa.

Uvas
100% de mencía, de cepas de más de ochenta años plantadas sobre suelos arcillosos y arcillocalcáreos y situadas a unos 550 metros de altitud.

Elaboración
La vendimia es manual y muy selectiva, de manera que solo las mejores uvas entran en la bodega. Una vez allí, se hacen fermentar en tinas de madera de roble de 5.000 litros de capacidad. Después de una larga maceración, el vino va hacia las botas de roble francés, donde se estarán durante doce meses. Al final, el vino se embotellará sin filtrar.

Descripción
Un vino potente y estructurado donde conviven los aromas de la bota con los recuerdos de los frutos negros muy maduros. Es equilibrado, con los taninos bastante pulidos, con el alcohol muy bien integrado, considerablemente carnoso y, a pesar de su corpulencia, no se nota nada pesado.

Combina con...
Un arroz de pichón, o unos tordos guisados.

Otros vinos de la bodega
Joven, Mencía Selección, Vintage, Cepas Centenarias, Airola Chardonnay, Airola Gewürztraminer, Airola Moscatel y Castro Ventosa Joven Mencía.

Precio
14 euros.

www.castroventosa.com

Viña Sastre

La bodega —ubicada en la población de La Horra, en medio de la Ribera del Duero— se fundó en el año 1992, después de años de tradición familiar vinícola, y tienen 45 hectáreas de viña que trabajan ecológicamente.

Tipo de vino
Tinto con crianza en bota.

Origen
Castilla y León (DO Ribera del Duero).

Bodega
Bodegas Hermanos Sastre.

Uvas
100% de tinta del país, procedente de cepas de entre veinte y sesenta años situadas a más de 800 metros de altitud, sobre suelos aluviales y arcillocalcáreos.

Elaboración
Hacen una selección de uvas tanto en la viña como en la entrada de la bodega. Una vez aceptada, la uva se desraspa y se fermenta con levaduras autóctonas en depósitos de acero inoxidable. Una vez elaborado el vino, el mismo frío del invierno lo estabiliza de manera natural. Posteriormente pasa a las botas de roble francés y americano, donde se queda catorce meses.

Descripción
Este vino es uno de los referentes de la Ribera del Duero. Tiene un atractivo color cereza y unos matices aromáticos que combinan armónicamente frutas, especias y tostados de la bota. Es un vino goloso, que llena la boca y deja a su paso un rastro de fruta y de frescor. Dentro de tres o cuatro años será todavía mejor.

Combina con...
Una paletilla de cordero al horno.

Otros vinos de la bodega
Blanco, Rosado, Roble, Pago Santa Cruz, Pago Santa Cruz Reserva, Regina Vides y Pesus.

Precio
16 euros.

www.vinasastre.com

José Pariente Fermentado en Barrica

La bodega se fundó en 1998 con la idea de poner en valor la variedad verdejo, tradicional de la zona.

Tipo de vino
Blanco con fermentación y crianza en bota.

Origen
Castilla y León (DO Rueda).

Bodega
Bodegas José Pariente.

Uvas
100% de verdejo, procedente de cepas plantadas en vaso sobre suelos pedregosos de cuarcita, que facilitan un buen drenaje en la viña.

Elaboración
La vendimia se hace parcialmente de noche para preservar toda la fuerza aromática de la uva. Hay selección de la vendimia tanto en la viña como en la bodega. Se prensa con suavidad y la fermentación alcohólica transcurre en botas nuevas de roble francés. Durante seis meses se le hacen *bâtonnages* al vino y, posteriormente, pasa a depósitos de acero inoxidable, donde se queda otros cinco meses para conjuntarse.

Descripción
El color es intenso, amarillo y con tonos dorados. El perfil aromático es una combinación de frutas y recuerdos de la bota. El vino es sedoso, con volumen y con una buena acidez que facilita el paso de boca.

Combina con...
Una lubina al horno con un toque de hinojo.

Otros vinos de la bodega
Verdejo, Sauvignon Blanco, Cuvée Especial y Apasionado.

Precio
16 euros.

www.josepariente.com

Vetus

Aunque se fundó en el año 2003, no se inauguró hasta 2008. Las 20 hectáreas de viñas que tienen se plantaron en 1990 y se encuentran a unos 700 metros sobre el nivel del mar, en un clima continental muy contrastado de temperaturas. Forman parte del grupo Artevino, con bodegas en las DO Rioja, Ribera del Duero, Toro y Rueda.

Tipo de vino
Tinto con crianza en bota.

Origen
Castilla y León (DO Toro).

Bodega
Bodegas Vetus.

Uvas
100% de tinta de toro, de la finca que circunda la bodega, con suelos francos areniscos y orientada según el eje norte-sur.

Elaboración
Doble selección de la uva en la viña y en la bodega. Fermentación alcohólica y maloláctica en depósitos de acero inoxidable. Crianza de doce meses en botas de roble francés nuevo. Este vino no se estabiliza ni se clarifica.

Descripción
Conjunto aromático dominado por frutos rojos y negros, con notas tostadas bien encajadas y recuerdos de especias. El vino tiene cuerpo, es ágil, goloso y persistente y los taninos están suficientemente pulidos para no ser agresivos pero mantienen un toque de carácter vital.

Combina con...
Una paletilla de cordero al horno.

Otros vinos de la bodega
Flor de Vetus y Celsus.

Precio
14 euros.

www.bodegasvetus.com

Bouquet d'Alella Blanc +

La bodega se fundó en 2010, pero con una tradición vitícola que venía de muchos años atrás. Tienen 13 hectáreas de viña de más de veinticinco años de edad cultivadas con técnicas ecológicas y situadas cerca de la bodega —que se encuentra en una masía del siglo XIV rehabilitada—, a poca distancia del mar. Organizan actividades gastronómicas y enoturísticas muy variadas.

Tipo de vino
Blanco fermentado y criado en bota.

Origen
Cataluña (DO Alella).

Bodega
Bouquet d'Alella.

Uvas
75% de pasa blanca y 25% de garnacha blanca, procedentes de viñas plantadas sobre sablón, un granito descompuesto típico de esta zona vinícola.

Elaboración
Maceración pelicular de las uvas una vez llegan en la bodega, prensado suave y fermentación del mosto en botas nuevas de roble durante tres semanas. La crianza se hace en botas de roble durante tres meses, con *bâtonnages* frecuentes para dar más complejidad al vino.

Descripción
Tiene un atractivo color dorado, un paso de boca cremoso y fresco y unos aromas donde destaca la crianza en bota (mantequilla fundida, brioche, vainilla), los frutos blancos y algunos toques florales y cítricos. La acidez es refrescante y el regusto es graso y persistente.

Combina con...
Una zarzuela de pescado.

Otros vinos de la bodega
Bouquet d'Alella Garnatxa Negra, Bouquet d'Alella Syrah y Bouquet d'Alella Pur dulce.

Precio
12 euros.

www.bouquetdalella.com

L'Equilibrista Blanc

Ca n'Estruc y sus viñas están al lado de la montaña de Montserrat, que las protege de los vientos fríos del norte. La fundó en 1990 Siscu Martí, pero los antecedentes familiares vitícolas se remontan al siglo XVI. Tienen 22 hectáreas de viña propia, que cultivan con la mínima intervención humana. Recientemente han empezado a trabajar en la bodega con jarras de barro, de la mano de Anna Martí, hija del propietario.

Tipo de vino
Blanco con crianza en bota.

Origen
Cataluña (DO Catalunya).

Bodega
Ca n'Estruc.

Uvas
100% de xarel·lo, procedente de cepas de cuarenta años, plantadas en el municipio de Esparreguera sobre suelos de origen aluvial.

Elaboración
Las uvas se recogen manualmente y, una vez en la bodega, se prensa y se hace la fermentación alcohólica en botas de roble francés con las levaduras autóctonas de la uva. Posteriormente, se hace una crianza de seis meses en botas de roble de 500 litros y en tinas, también de roble, de 2.500 litros.

Descripción
Color dorado de mediana intensidad. Aromas de frutos blancos y tropicales, especias y plantas aromáticas, con alguna nota cítrica. En boca es fresco, untuoso, con volumen y suave. Un vino complejo y elegante, pero muy fácil de beber.

Combina con...
Una brandada de bacalao.

Otros vinos de la bodega
Ca n'Estruc Xarel·lo, Idoia Blanc, Idoia Negre, L'Equilibrista Negre y L'Equilibrista Garnatxa.

Precio
13 euros.

www.canestruc.com

Terrers Gran Reserva Brut Nature

La cava se fundó en 1924. Tienen 50 hectáreas de viña sobre suelos calcáreos, muy adecuados para elaborar vinos espumosos de larga crianza. Desde el año 2009 trabajan según la agricultura biodinámica, con certificación Demeter. Todos sus cavas son brut nature y gran reserva. Probablemente es el gran referente de la DO Cava.

Tipo de vino
Espumoso elaborado con el método tradicional.

Origen
Cataluña (DO Cava).

Bodega
Cavas Recaredo.

Uvas
50% de xarel·lo, 48% de macabeo y 2% de parellada, procedente de viñas propias situadas en la pendiente del río Bitlles.

Elaboración
El 9% del vino base ha tenido una pequeña crianza en bota de roble. Durante toda la crianza, las botellas van con tapón de corcho. El degüello se hace siempre a mano y sin congelar el cuello de la botella. La crianza mínima es de sesenta y cinco meses, y no se añade nada de azúcar después del degüello.

Descripción
La burbuja es muy fina y cremosa. En boca tiene untuosidad y una acidez fresca y muy integrada al vino. Encontramos notas aromáticas cítricas, de pastelería y de la autólisis de las levaduras. Un cava elegante, con volumen de boca, equilibrado, fresco y persistente.

Combina con...
Gambas a la plancha.

Otros vinos de la bodega
Intens, Subtil, Brut de Brut, Reserva Particular y Turó d'en Mota (un monovarietal de xarel·lo con más de cien meses de crianza en rima).

Precio
18 euros.

www.recaredo.com

Trepat Novell

La primera bodega se fundó en el año 1796 en la masía de Cal Celdoni. Tienen 80 hectáreas de viña, de donde sale toda la uva que utilizan, plantada con verdejo, macabeo, parellada y chardonnay. En 1991 pusieron en marcha la cava aprovechando los depósitos y la arquitectura originales de la antigua bodega del 1796. En 2004 se puso en marcha una nueva bodega en el mismo pueblo, con nuevas cavas e instalaciones. Es una de las bodegas que más prestigio ha dado a la variedad *trepat* y a la DO Conca de Barberà. Pertenecen también a la DO Cava.

Tipo de vino
Tinto joven.

Origen
Cataluña (DO Conca de Barberà).

Bodega
Carles Andreu.

Uvas
100% de verdejo, llamada *trepat* en la región, la variedad de uva emblemática de la Conca de Barberà.

Elaboración
La vendimia se hace manualmente, y una vez en la bodega pasa por una mesa de selección. Se elabora según el método de la maceración carbónica —sin añadido de sulfitos— y sale al mercado el día 11 de noviembre, tal y como marca la tradición catalana para los vinos jóvenes.

Descripción
El vino es ligero, con mucha presencia de frutos rojos frescos, una acidez acusada y un paso de boca vivo y lleno. Lo podemos considerar como una versión juvenil de los vinos hechos con verdejo. Conviene beberlo un poco frío y no se recomienda guardarlo más de un año.

Combina con...
Una barbacoa de carne.

Otros vinos de la bodega
Blanc Parellada, Trepat Negre y 8 referencias de cava.

Precio
8 euros.

www.cavandreu.com

Taïka

Las viñas de Castell d'Encús están situadas entre 800 y 1.200 metros de altitud, al lado de un antiguo monasterio de los monjes hospitalarios del siglo XIV. Este lugar contiene unos depósitos de piedra al aire libre —uno de los cuales, de 7.000 litros de capacidad— excavados por aquellos monjes y en los cuales se fermentan parte de los mostos que dan vida a los diferentes vinos de la bodega.

Tipo de vino
Espumoso.

Origen
Cataluña (DO Costers del Segre).

Bodega
Castell d'Encús.

Uvas
Sauvignon blanco y sémillon.

Elaboración
La vendimia se hace en cajas de 10 kilogramos, la presa de espuma se hace según el método ancestral, con las levaduras espontáneas de la viña. Una vez embotellado, el vino a medio fermentar se deja en las rimas durante veintisiete meses.

Descripción
Burbuja elegante e integrada, con complejidad aromática y acidez intensa. Cuerpo mediano y recuerdos de fruta tropical, melocotón en almíbar y alga nori. Un espumoso elegante, fresco y diferente. Se puede guardar más de cinco años.

Combina con...
Platos de atún, desde un tataki hasta un estofado.

Otros vinos de la bodega
Taleia, Ekam, Acusp, Quest y Thalarn.

Precio
45 euros.

www.castelldencus.com

Masia Carreras Blanc

Martí Fabra es una clásica bodega familiar enraizada en el territorio. Se fundó en el año 1900 y está ubicada en la sierra de la Albera —situada entre los llanos del Ampurdán y el Rosellón— en una antigua masía del siglo XII construida directamente sobre la roca madre. Tienen 28 hectáreas de viña que trabajan según criterios ecológicos.

Tipo de vino
Blanco con crianza en bota.

Origen
Cataluña (DO Empordà - Costa Brava).

Bodega
Martí Fabra.

Uvas
Cariñena blanca, cariñena roja, garnacha blanca, garnacha gris y picapoll, procedentes de viñas de más de ochenta años de suelos de pizarra descompuesta, muy pobres en materia orgánica, en una zona que la tramontana barre con frecuencia.

Elaboración
La vendimia se hace a mano y la fermentación alcohólica tiene lugar en depósitos de cemento. La crianza dura doce meses y transcurre en botas de roble francés de Allier, sin que el vino se trasiegue mientras dura la crianza.

Descripción
Vino con algunas características continentales, fresco, cálido, de cuerpo mediano y marcada acidez, largo y con algún toque mineral. El perfil aromático es complejo, y destacan olores de anís, miel, manzana, membrillo maduro y mantequilla fundida. Evolucionará bien durante cinco, seis y siete años.

Combina con...
Un guiso de escorpina.

Otros vinos de la bodega
Verd d'Albera, Flor d'Albera, Lledoner, Masia Carreras Negre, L'Oratori, selección Vinyes Velles y Masia Pairal Can Carreras Muscat.

Precio
15 euros.

La Florens

La bodega, fundada en 2003, en pocos años se ha mostrado como un gran referente de la DO Montsant. Gestiona 36 hectáreas de viña de entre quince y ciento cinco años de edad, repartidas en pequeñas parcelas. Practica la agricultura ecológica y utiliza dosis mínimas de sulfuros en el proceso de elaboración del vino.

Tipo de vino
Tinto con crianza en bota.

Origen
Cataluña (DO Montsant).

Bodega
Josep Grau Viticultor.

Uvas
100% de garnacha tinta, procedente de viñas de cuarenta, setenta y cien años, plantadas sobre suelos arcillosos de pizarra, en el municipio de Marçà.

Elaboración
La vendimia se hace manualmente —como todas las faenas de la viña—, la fermentación alcohólica transcurre en depósitos de cemento con las levaduras indígenas de la misma uva, y la crianza tiene lugar en tinas redondas de 2.500 litros de roble alemán y austríaco, donde el vino permanece catorce meses.

Descripción
El vino tiene un perfil aromático complejo y elegante, con recuerdos de frutos del bosque maduros rojos y negros, toques de especias y flores secas. Tiene volumen y carnosidad, es fresco y largo y tiene una gran versatilidad gastronómica. Los taninos están presentes, pero se marcan con discreción y elegancia, y la madera de la crianza no esconde el vino. Para guardarlo unos cinco años.

Combina con...
Unos medallones de ciervo con salsa de arándanos.

Otros vinos de la bodega
L'Efecte Volador, Vespres Vinyes Velles, Vespres Blanc, Granit y Regina.

Precio
23 euros.

www.josepgrauviticultor.com

Malvasia de Sitges

La bodega se fundó en 1954, pero la actividad vinícola empezó en 1914 con la elaboración y la venta de vinos a granel. En el año 2010 empezaron a trabajar en ecológico. Colaboran con la Fundación Pau Casals, patrocinando el Festival Internacional Pau Casals, y en la recuperación de la arquitectura de piedra en seco.

Tipo de vino
Blanco fermentado en bota.

Origen
Cataluña (DO Penedès).

Bodega
Jané Ventura.

Uvas
100% de malvasía de Sitges —una de las malvasías más antiguas que existen— procedente de viñas propias. Esta malvasía no tiene nada que ver con otras malvasías como la de La Rioja o la de Lanzarote, y hay quien dice que es *la riesling del Penedès.*

Elaboración
La uva se selecciona en la viña y se recoge con un punto de maduración que respete la acidez. La fermentación se hace un 40% en depósitos de acero inoxidable y un 60% en botas de roble de 300 litros. La crianza en bota es de cuatro meses con las madres.

Descripción
Perfil aromático muy personal, con frutas tropicales, flores blancas y césped cortado. El paso de boca es graso, franco, ágil y con un fondo discreto amargo que limpia la boca. El regusto es aromático, fresco y persistente.

Combina con...
Unos buñuelos de bacalao.

Otros vinos de la bodega
Selecció, Mas Vilella, Finca Els Camps, Sumoll y Sempreviva, y 5 tipos de cava.

Precio
13 euros.

www.janeventura.com

Abadal Picapoll

La bodega se fundó en 1983 al lado de la Masia Roqueta, pero los orígenes vitícolas familiares se remontan al 1199. Tienen 70 hectáreas de viña propia rodeada de bosque y gestionan 52 hectáreas más. Han recuperado una tina de piedra seca del siglo XIX situada en mitad del monte, donde elaboran de nuevo un vino con variedades de uva autóctonas casi desaparecidas. Es la bodega de referencia del Pla de Bages. Al mismo grupo pertenece la bodega Roqueta, la bodega LaFou (en la Terra Alta) y la Crin Roja, en Albacete.

Tipo de vino
Blanco con crianza sobre las madres.

Origen
Cataluña (DO Pla de Bages).

Bodega
Abadal.

Uvas
100% de picapoll, de viñedos plantados entre 400 y 600 metros de altitud, sobre suelos francos, arcillosos y areniscos.

Elaboración
La uva se somete a una maceración pelicular, se hace un prensado suave y se fermenta en depósitos de acero inoxidable, donde se mantiene el vino en contacto con sus madres durante tres meses.

Descripción
Es un vino ligero, de color amarillo paja, con aromas cítricos, de plantas mediterráneas y de albaricoque. En boca es amplio, ágil, con la acidez bien integrada y un final de boca fresco y limpio. Un vino para descubrir la variedad picapoll. Guardarlo un par de años no le hará ningún daño.

Combina con...
Unos calamares a la romana.

Otros vinos de la bodega
Blanc, Rosat, Negre, Criança, 5, 3.9, Nuat y Selecció.

Precio
11 euros.

www.abadal.net

Plaer

Albert Jané creó esta bodega en 2010 y describe sus vinos como *acústicos* porque interpretan la música del *terroir*. Tiene 15 hectáreas de viña plantada exclusivamente con variedades tradicionales de la zona. Los trabajos del viñedo se realizan con un burro o manualmente debido a las dificultades del cultivo y las pendientes de las viñas.

Tipo de vino
Tinto con crianza en bota.

Origen
Cataluña (DOQ Priorat).

Bodega
Ritme Celler.

Uvas
80% de garnacha tinta y 20% de cariñena, de viña vieja con cincuenta años de promedio, situada en pendientes de entre 300 y 600 metros de altitud y plantada sobre los suelos de pizarra que dan la personalidad a los vinos prioratinos.

Elaboración
La vendimia es manual y permite seleccionar las uvas en la viña. Cuando llega a la bodega se hace una segunda selección de la uva y se procede a iniciar la fermentación. La crianza dura de diez a doce meses en botas de roble francés que ya han tenido vino. Posterior-mente, el vino se embotella sin filtrar.

Descripción
Es un vino goloso, intenso y estructurado, con un toque de calidez que queda compensado con una buena carnosidad. Los taninos son intensos pero suaves y la fruta domina en el conjunto aromático. Necesita un decantado de dos o tres horas y se puede guardar durante ocho o diez años.

Combina con...
Un estofado de rabo de buey.

Otros vinos de la bodega
Ritme Blanc, Ritme Negre y Etern.

Precio
24 euros.

www.acousticceller.com

De Muller «Aureo» 1954 Rancio Dulce

La bodega la creó un viticultor alsaciano en 1851 y es una de las más emblemáticas de la DO Tarragona. Tienen unas 200 hectáreas de viña que pertenecen a la DO Tarragona y otras 34 hectáreas de la DOQ Priorat. Son proveedores de la casa real española desde el año 1904 y proporcionan vino de misa al Vaticano desde la época del Papa Pío X.

Tipo de vino
Vino de licor procedente de soleras. Generoso dulce.

Origen
Cataluña (DO Tarragona).

Bodega
Bodegas De Muller.

Uvas
30% de garnacha blanca y 70% de garnacha tinta.

Elaboración
Cuando en plena fermentación el mosto llega a unos 140 gramos por litro de azúcar, se añade alcohol vínico hasta que el vino queda en una graduación de 20% vol., para parar la fermentación. Después envejece durante años en tinas viejas de roble siguiendo el método clásico de las soleras.

Descripción
El color es ámbar con tonos marronosos, y el perfil aromático es complejo. Evoluciona muy bien en la copa y desarrolla un gran abanico de aromas, entre los que podemos encontrar higos y ciruelas secas, avellanas tostadas, especias orientales y algún discreto recuerdo de brandi envejecido.

Combina con...
Una agradable sobremesa.

Otros vinos de la bodega
Elaboran 35 referencias de vinos de estilos muy diferentes con la marca De Muller, además de 4 vermuts. También elaboran vermuts para otras marcas.

Precio
15 euros.

www.demuller.es

«La Foradada» de Frisach

Hace más de doscientos años que son viticultores, pero hasta 2004 esta bodega no empezó a elaborar su propio vino. Actualmente tienen 40 hectáreas de viña propia —que siguen los criterios de la agricultura ecológica—, situadas en algunos de los campos donde transcurrió la batalla del Ebro (julio-noviembre del 1938) durante la guerra civil española. Trabajan con garnacha blanca, garnacha tinta, garnacha peluda, cariñena y morenillo. Organizan degustaciones de vino en algunas de las trincheras de la batalla del Ebro del municipio de Corbera d'Ebre.

Tipo de vino
Blanco brisado criado con las madres.

Origen
Cataluña (DO Terra Alta).

Bodega
Frisach.

Uvas
100% de garnacha blanca de la finca del Quart, plantada sobre suelos pedregosos arcillocalcáreos.

Elaboración
El mosto se fermenta con las pieles y las pepitas (com si fuera un tinto) según el método tradicional de los vinos brisados de la Terra Alta. Se mantiene doce meses con las madres sin removerlo. El frío del invierno estabiliza naturalmente este vino, que no se filtra antes de embotellarlo.

Descripción
Aromáticamente complejo, destacan aromas anisados (anís estrellado, hinojo, matalahúva), cereal fresco y piel de uva. En boca es aterciopelado, fresco, amplio y con volumen. Un vino lleno de vida y de personalidad.

Combina con...
La cocina asiática de pescado.

Otros vinos de la bodega
L'Abrunet y Sang de Corb.

Precio
13 euros.

www.cellerfrisach.com

Ametza

Se trata de una bodega familiar fundada en 2009, aunque las viñas se plantaron unos años antes. En total tienen 6 hectáreas de viñedos, repartidas en tres parcelas, con un 80% de hondarrabi zuri y un 20% de izpiriotta txipia.

Tipo de vino
Blanco sin crianza.

Origen
El País Vasco (DO Arabako Txakolina).

Bodega
Arzabro Txakolina.

Uvas
95% de hondarrabi zuri y 5% de izpiriotta txipia (petit manseng), de viñas plantadas sobre suelos calcáreos con grava abundante y buen drenaje.

Elaboración
Siguen la elaboración tradicional del chacolí. La fermentación se hace en depósitos de acero inoxidable a baja temperatura para preservar los aromas, y pasadas unas semanas o meses se embotella.

Descripción
El color es amarillo paja con reflejos verdosos y muy transparente. Es un vino fresco, con una acidez marcada y bien integrada en el conjunto del vino, ligero y con el final de boca amargo habitual de los chacolines. En nariz encontramos aromas de pomelo, manzana y alguna nota mentolada. Su nombre proviene de una especie de roble centenario que tienen en la finca. Cuando se consume es tradición escanciar el vino en la copa o el vaso desde un palmo de altura para airearlo un poco y extraerle los aromas.

Combina con...
Unas sardinas a la brasa.

Otros vinos de la bodega
Luzia de Ripia (en honor a una antigua monja viticultora), Harria ('piedra' en eusquera).

Precio
8 euros.

www.arzabrotxakolina.com

Doniene Txakoli

La bodega se fundó en 1994 en un edificio del 1852, donde ya se elaboraba chacolí. Controlan 15 hectáreas de viña (una parte propia y otra parte ajena) situadas en el municipio de Bakio, muy cerca del Cantábrico. Los suelos son más arcillosos en la parte baja de las pendientes y más arenosos en las partes altas.

Tipo de vino
Blanco con crianza sobre las madres.

Origen
El País Vasco (DO Bizkaiko Txakolina).

Bodega
Doniene Gorrondona.

Uvas
100% de hondarrabi zuri, procedente de 16 hectáreas de viña de treinta años de edad.

Elaboración
La vendimia se hace manualmente y llega a la bodega antes de tres horas. Una vez allí, la uva se desraspa y se extrae el mosto mediante un prensado suave. La fermentación alcohólica se hace en depósitos de acero inoxidable, con las mismas levaduras que lleva la uva pegadas en la piel. Terminada la fermentación, el vino reposa unos meses sobre las madres y posteriormente se estabiliza y se embotella.

Descripción
En este vino destaca una alta acidez, que le aporta mucha frescura y ligereza y que queda sutilmente compensada por un poco de azúcar residual y la cremosidad que da el tiempo en contacto con las madres. Es un vino largo y afrutado, con recuerdos tropicales, cítricos y de manzana.

Combina con...
Unas anchoas en semiconserva.

Otros vinos de la bodega
Gorrondona, Doniene Fermentación en Barrica, Gorrondona Tinto, Doniene XX y Doniene Apasdune (espumoso). También elaboran y comercializan aguardiente de brisa.

Precio
11 euros.

www.donienegorrondona.com

Txomin Etxaniz

Aunque en 1649 está documentado Domingo de Etxaniz como viticultor de Guetaria, la bodega no se fundó hasta 1930. Tienen 35 hectáreas de viña emparradas y en pendientes que se asoman hacia el mar. Esta bodega fue la principal promotora de la DO y todavía hoy es una de las más prestigiosas.

Tipo de vino
Blanco joven.

Origen
El País Vasco (DO Getariako-Txakolina).

Bodega
Txomin Etxaniz.

Uvas
85% de hondarrabi zuri y 15% de hondarrabi beltza.

Elaboración
La vendimia se hace a finales de septiembre o a primeros de octubre. La uva se prensa en atmósfera inerte y se fermenta en depósitos de acero inoxidable, donde se mantendrá con las madres hasta el momento del embotellado.

Descripción
El vino es de color amarillo pálido, con un perfil aromático limpio, en el cual dominan los aromas de fruta. Al beberlo aparecen restos de gas carbónico de la fermentación que aportan frescura al conjunto. Un chacolí alegre, ligero y con una punta de acidez.

Combina con...
Unas anchoas en semiconserva de aceite.

Otros vinos de la bodega
Eugenia (espumoso) y Uydi (vendimia tardía).

Precio
9 euros.

www.txominetxaniz.com

Los Balancines Huno

La bodega se fundó en 2006, pero en 2014 se reformó en profundidad para incorporar tecnología y optimizarla. Tienen 80 hectáreas de viñedos plantados en vaso, de entre diez y cuarenta años de edad, y situados en el Paraje de Los Balancines, en el municipio de Oliva de Mérida.

Tipo de vino
Tinto con crianza en bota.

Origen
Extremadura (DO Ribera del Guadiana).

Bodega
Pago Los Balancines.

Uvas
50% de garnacha tintorera, 20% de cabernet sauvignon y 10% de syrah, procedentes de viñas plantadas sobre calcáreos pedregosos.

Elaboración
La uva entra en la bodega y se lleva a depósitos construidos con cemento, donde se producirá la fermentación alcohólica. Una vez terminado este proceso, pasa a las botas de roble francés, donde hace la fermentación maloláctica y permanece doce meses. Después de esta fase, el vino se filtra, se embotella y se guarda durante quince meses antes de sacarlo al mercado.

Descripción
El vino tiene un color intenso, con tonos violáceos, una gran complejidad aromática (sobre todo especias, fruta madura y torrefactos) y en boca es fresco, carnoso, bien equilibrado y con taninos intensos pero pulidos.

Combina con...
Un confitado de pato con salsa de frutos del bosque.

Otros vinos de la bodega
Balancines, Balancines Blanco Sobre Lías, Los Balancines Matanegra, Alunado Chardonnay, Alunado Sauvignon Blanco, Vaso de Luz y Salitre.

Precio
15 euros.

www.pagolosbalancines.com

Vía Arxéntea

Se trata de una pequeña y joven bodega, donde Manuel Guerra —que aprendió las faenas de la viña y de la bodega de su abuelo— elabora sus vinos únicamente con las uvas de sus 3,5 hectáreas de viñedos. Trabaja solo con las variedades treixadura, godello y mencía, todas tradicionales gallegas. Sus vinos van recibiendo premios con regularidad.

Tipo de vino
Blanco sin crianza.

Origen
Galicia (DO Monterrei).

Bodega
Manuel Guerra Justo.

Uvas
50% de treixadura, 50% de godello y variedades gallegas tradicionales, de viñas plantadas sobre suelos arcilloarenosos.

Elaboración
Una vez vendimiada, la uva se desraspa y se somete a una maceración pelicular a 8 °C de seis a ocho horas. El prensado posterior se hace suavemente en una prensa neumática. Se deja reposar el mosto obtenido durante un par o tres de días y se hace fermentar.

Descripción
Es un vino untuoso, goloso, elegante, lleno de sutilezas, con sensaciones de fruta tropical madura, flores y un poco de hierba segada. La acidez es alta, aporta frescura al conjunto y queda compensada con una pequeña cantidad de azúcar residual y con un alcohol un poco elevado para tratarse de un vino blanco. El regusto es persistente y mantiene los recuerdos de la fruta.

Combina con...
Un surtido de marisco al vapor y a la plancha.

Otros vinos de la bodega
Tinto Mencía.

Precio
11 euros.

www.viaarxentea.com

Pazo Señorans

Fundada en 1989, es una de las bodegas más emblemáticas de Galicia y que mejor ha sabido interpretar la variedad albariño. Tienen unas 15 hectáreas de viñedos repartidos en pequeñas parcelas, situados a unos 300 metros sobre el nivel del mar y plantados solo con albariño.

Tipo de vino
Blanco con crianza sobre las madres.

Origen
Galicia (DO Rías Baixas, subzona Val do Salnés).

Bodega
Pazo de Señorans.

Uvas
100% de albariño, de viñas de entre veinticinco y treinta años, plantadas sobre suelos de granito y arena. Las vides son conducidas como parras y se encuentran situadas a 10 kilómetros del océano Atlántico.

Elaboración
Vendimia manual. Maceración pelicular y posterior prensado suave. La fermentación alcohólica se hace con levaduras indígenas, en depósitos de acero inoxidable, donde el vino permanece con las madres durante cinco meses. Una vez embotellado, reposa cuatro meses antes de salir al mercado.

Descripción
Es un vino potente tanto en nariz como en boca, con aromas tropicales, de melocotón y florales. Untuoso, equilibrado, amplio y fresco. Mejora con un par de años de botella.

Combina con...
Un arroz caldoso de bogavante.

Otros vinos de la bodega
Pazo Señorans Colección, Pazo Señorans Selección de Añada y Sol de Señorans.

Precio
12 euros.

www.pazodesenorans.com

Lalama

La bodega, fundada en el año 2002, tiene 32 hectáreas de viña plantadas en pendientes muy pronunciadas, que dificultan la viticultura y la vendimia hasta el punto que la explotación se ha definido como de *agricultura heroica*.

Tipo de vino
Tinto con crianza en bota.

Origen
Galicia (DO Ribeira Sacra).

Bodega
Dominio do Bibei.

Uvas
90% de mencía y 10% de garnacha tintorera, sausón y mouratón, procedentes de viñas —algunas centenarias— situadas entre 300 y 700 metros sobre el nivel del mar. Los suelos son de pizarra, granito y arcilla.

Elaboración
Se hace una selección de la uva en la viña y otra *grano a grano* en la bodega. La fermentación se desarrolla en botas de 500 litros y en tinas troncocónicas. Durante trece meses el vino reposa en botas seminuevas. Después, se pasa a tinas de roble de 4.500 litros, donde permanece siete meses más. Una vez embotellado, el vino todavía estará en la bodega otros dieciséis meses más.

Descripción
En nariz dominan los frutos rojos maduros, con toques de flores y frutos blancos. El vino es estructurado, con volumen, un punto de rusticidad que le aporta carácter y una acidez bien integrada que le da ligereza.

Combina con...
Un tocinillo al horno.

Otros vinos de la bodega
Lacima, Lapola, Lapena, BM y Dominio do Bibei.

Precio
16 euros.

www.dominiodobibei.com

Armán Finca Misenhora

La bodega trabaja solo con variedades tradicionales gallegas. Está situada en mitad de la zona de Ribeiro y se fundó en el año 1990. La propiedad dispone también de un restaurante y un hotel rural, en unas edificaciones del siglo XVIII.

Tipo de vino
Blanco con crianza sobre las madres.

Origen
Galicia (DO Ribeiro).

Bodega
Casal de Armán.

Uvas
Treixadura, albariño y godello de la finca Misenhora, plantadas sobre suelos granítico.

Elaboración
Se hace doble triaje de la uva, que se transporta a la bodega con furgonetas isotérmicas y posteriormente se refrigera a 7 ºC. Una vez elaborado, el vino se mantiene sobre las madres durante seis meses, y nueve meses más en botella. El frío del invierno evita tener que utilizar clarificantes industriales.

Descripción
El vino es más expresivo en boca que en nariz, y nos ofrece olores ahumados, cítricos y recuerdos de hierba cortada. Es complejo, untuoso, equilibrado y largo en boca.

Combina con...
Mejillones al vapor y un toque de limón.

Otros vinos de la bodega
Casal de Armán, Finca Os Loureiros, Finca dos Mouros y 7 Cupos.

Precio
20 euros.

www.bodegascasaldearman.com

Valdesil

A caballo entre Portela y Córgomo, la bodega se fundó en 1991. Tienen 40 hectáreas de viñedos —algunas parcelas, con cepas centenarias—, donde dejan que se forme una cubierta vegetal natural. Este vino ha sido catalogado como uno de los mejores vinos del mundo. Mejorará con dos o tres años de botella.

Tipo de vino
Blanco con crianza sobre las madres.

Origen
Galicia (DO Valdeorras).

Bodega
Valdesil.

Uvas
100% de godello, de veintidós pequeñas parcelas de suelos de pizarra, situadas entre 350 y 600 metros de altitud. Las cepas tienen entre quince y cuarenta años de edad.

Elaboración
La uva se recolecta manualmente a primera hora de la mañana, se la desraspa, se le hace una maceración pelicular y se deja fermentar espontáneamente. Una vez acabada la fermentación, se mantiene durante cinco o seis meses sobre sus madres.

Descripción
Es un vino muy mineral, afrutado, con complejidad de aromas (hinojo, crema inglesa, brioche, fruta madura y toques ahumados). En boca es graso, con cuerpo, fresco, elegante y con una acidez que le augura mucha vida.

Combina con...
Bacalao al pil-pil.

Otros vinos de la bodega
Pedrouzos, Pezas de Portela, Valderroa y Valderroa Carballo.

Precio
14 euros.

www.valdesil.com

Picarana

La bodega es del 2005 y está situada en San Martín de Valdeiglesias, lugar donde convergen las sierras de Gredos y de Guadarrama. Tienen 20 hectáreas de viñedos de unos cincuenta años, formados en vaso en alturas entre los 650 y los 850 metros. A causa de las fuertes pendientes del terreno, es necesario trabajar a mano o con mula. El nombre del vino hace referencia a un pájaro de la zona.

Tipo de vino
Blanco con crianza en bota.

Origen
Madrid (DO Vinos de Madrid).

Bodega
Bodega Marañones.

Uvas
100% de albillo real, procedente de cuatro fincas plantadas sobre suelos graníticos y trabajadas en producción orgánica.

Elaboración
Vendimia manual en cajas, seguida de una maceración pelicular en frío. La fermentación alcohólica se hace con las levaduras autóctonas, en botas de 500 a 700 litros.

Descripción
Perfil aromático formado básicamente por flores, frutas maduras y plantas mediterráneas. Vino denso y untuoso, con buena acidez y un regusto largo con recuerdos tostados.

Combina con...
Magret de pato relleno de foie gras.

Otros vinos de la bodega
Pies Descalzos, Labros, Treinta Mil Maravedíes, Peña Caballera y Marañones.

Precio
13 euros.

www.bodegamaranones.com

Juan Gil
Etiqueta Plata

Fundada en 1916, este bodega ha sido una de las primeras en dignificar una DO (Jumilla) que antes tenía muy poco prestigio. Actualmente disfrutan de 350 hectáreas de viña. Esta bodega es el origen y forma parte del grupo Juan Gil Bodegas Familiares, formado por ocho bodegas repartidas por toda España.

Tipo de vino
Tinto con crianza en bota.

Origen
Murcia (DO Jumilla).

Bodega
Juan Gil.

Uvas
100% de monastrell, de cepas de más de cincuenta años procedentes de viñas situadas en suelos pobres y pedregosos, de muy baja productividad, y a 700 metros sobre el nivel del mar.

Elaboración
Vendimia seleccionada a mano, que se fermenta en depósitos de acero inoxidable durante unos veinticinco días. La crianza es de doce meses en botas de roble francés.

Descripción
Alta intensidad de color y conjunto aromático donde dominan las frutas maduras rojas y negras, con toques ahumados, de té verde y de regaliz. Un vino potente, equilibrado y largo.

Combina con...
Arroz de pichón.

Otros vinos de la bodega
Blanco, Juan Gil, Etiqueta Amarilla, Etiqueta Azul y Moscatel Seco.

Precio
10 euros.

www.bodegasjuangil.com

Castaño Santa

A pesar de que se fundó en 1950, la bodega no empezó a embotellar hasta 1980. En las 550 hectáreas de viña que tiene en propiedad, trabajan con trece variedades de uva, mientras experimentan con otras dieciséis variedades más. Se trata de una bodega que utiliza la tecnología para transmitir la tradición y la calidad de los buenos vinos murcianos.

Tipo de vino
Tinto con crianza en bota.

Origen
Murcia (DO Yecla).

Bodega
Bodegas Castaño.

Uvas
90% de monastrell y 20% de garnacha tintorera, de viñas de cuarenta y cinco años de edad situadas a 750 metros sobre el nivel del mar y formadas en vaso sobre suelos pedregosos con base calcárea.

Elaboración
Una vez entrada la vendimia, se fermentan por separado las dos variedades durante dieciséis días. Después de la fermentación maloláctica, el vino se cría durante diez meses en botas de roble (60% francés y 40% americano) y se embotella sin estabilizar.

Descripción
Aromáticamente dominan las frutas maduras con matices de especias y de ahumados. Es un vino potente, carnoso, con un buen equilibrio entre el cuerpo, el alcohol, la acidez y los taninos.

Combina con...
Un civet de jabalí.

Otros vinos de la bodega
Hécula, Castaño, Casa Cisca, Viña al Lado de la Casa, GSM y Dominio Espinal.

Precio
16 euros.

www.bodegascastano.com

Vinya Zorzal Malayeto

Fundada en 1989, casi todos los vinos de esta bodega son monovarietales. Tiene 40 hectáreas de viña propia plantadas solo con variedades tradicionales de la zona. Practican la agricultura ecológica y algunas cepas de garnacha son prefiloxéricas, con ciento quince años de edad. Actualmente dirige la bodega la segunda generación familiar.

Tipo de vino
Tinto con crianza en bota.

Origen
Navarra (DO Navarra).

Bodega
Viña Zorzal Wines.

Uvas
100% de garnacha tinta de cepas de treinta y cinco años, procedentes de 2,4 hectáreas de suelos pedregosos y situadas a 520 metros de altitud.

Elaboración
Vendimia manual. Fermentación con levaduras silvestres en tinas de roble francés de 2.000 litros. La crianza es de doce meses en botas de 225 litros de roble francés de segundo y tercer año.

Descripción
Vino sin ornamentaciones superfluas, directo y con personalidad. Domina la fruta sobre la madera, es carnoso, fresco, complejo y de paso de boca ágil.

Combina con...
Estofado de buey a la *bourguignonne*.

Otros vinos de la bodega
V. Z. Chardonnay, V. Z. Garnacha Blanca, V. Z. Garnacha, V. Z. Tempranillo, V. Z. Graciano, Corral de los Altos y Señora de las Alturas.

Precio
11 euros.

www.vinazorzal.com

Gómez Cruzado Blanco

Se trata de una bodega antigua —se fundó en 1886—, pero con mentalidad y tecnología modernas. Se ubica en el mítico Barrio de la Estación, de la población de Haro, y en 2005 los actuales propietarios la refundaron. Elaboran un vino blanco moderno con profundas raíces de La Rioja.

Tipo de vino
Blanco con paso por bota.

Origen
La Rioja (DOC Rioja, subzona Rioja Alta).

Bodega
Bodegas Gómez Cruzado.

Uvas
85% de viura (macabeo) y 15% de tempranillo blanco, procedentes de una única parcela. Las viñas están plantadas en vaso y los suelos son pedregosos, con un fondo calcáreo.

Elaboración
Una vez recolectada la uva, se somete a una prensada suave con un 50% de la rapa, cosa poco habitual en aquella región. La fermentación alcohólica la hacen las mismas levaduras espontáneas de la uva en depósitos de acero inoxidable. Posteriormente la mitad del vino pasa cinco meses con sus madres en botas de tostado suave, y la otra mitad va a depósitos de hormigón, también con sus madres.

Descripción
El vino tiene un color dorado brillante, con unos delicados aromas de fruta fresca y flores blancas y algún toque de las madres. Una vez en boca, lo notamos fresco y un poco untuoso y, a la mitad del paso de boca, reencontramos los olores de las madres. Un vino elegante, fácil de beber y con un suspiro de madera.

Combina con...
Un *suquet* de pescado, o un pollo asado.

Otros vinos de la bodega
Vendimia Seleccionada, Crianza, Reserva, Gran Reserva, Honorable, Pancrudo, Cerro Las Cuevas y Monte Obarenos.

Precio
11 euros.

www.gomezcruzado.com

Finca de los Locos

Después de distintas generaciones dedicadas al mundo del vino, en 1991 se funda este negocio familiar, que actualmente tiene 22 hectáreas de viñedos propios repartidos en treinta y dos parcelas dentro de los municipios de Baños de Ebro (donde se encuentra la bodega) y Ábalos. En su búsqueda de la autenticidad, están recuperando viñas viejas abandonadas.

Tipo de vino
Tinto con crianza en bota.

Origen
La Rioja (DOC Rioja, subzona Rioja Alavesa).

Bodega
Bodegas y Viñedos Artuke.

Uvas
80% de tempranillo y 20% de graciano, procedentes de la Finca de los Locos y vendimiados de cepas plantadas en 1981 a 500 metros sobre el nivel del mar, en suelos areniscos y de gravas con fondo calcáreo.

Elaboración
Una vez recogida la uva se desraspa y se fermenta según el sistema habitual. La fermentación maloláctica se desarrolla espontáneamente en botas de 500 litros de roble francés, donde el vino permanece hasta pasada una crianza de doce a dieciséis meses.

Descripción
Se trata de un vino muy enraizado en la tierra, fruto de un trabajo en la viña apasionado y respetuoso con el medio natural. La bota está presente en el perfil aromático del vino, mezclada con notas de fruta negra y otros matices menores. Es potente, estructurado y con un gran paso de la fruta en boca.

Combina con...
Unas costillas rebozadas de cabrito.

Otros vinos de la bodega
Artuke, Pies Negros y K4.

Precio
20 euros.

www.artuke.com

Enrique Mendoza
Moscatel
de La Marina

La bodega se fundó en 1989, pero la actividad vinícola proviene de la década del 1970. Cuidan tanto sus 80 hectáreas de viña que definen su trabajo como *vitilocura*. Trabajan según los criterios de la agricultura sostenible, con un respeto máximo por el entorno.

Tipo de vino
Vino de licor. Generoso dulce.

Origen
El País Valenciano (DO Alicante).

Bodega
Bodegas Mendoza.

Uvas
100% de moscatel de Alejandría, variedad típica de la comarca de la Marina Baixa desde hace más de dos mil años.

Elaboración
La uva se recoge cuando el equilibrio entre azúcar y acidez es óptimo. Se macera el mosto con las pieles de la uva, y al mosto del sangrado se le añade alcohol vínico hasta el 15% vol. para mantener el dulzor natural de la uva.

Descripción
Aromas muy varietales, donde encontramos recuerdos de agua de rosas, piel de naranja, azahar, albaricoque maduro y un toque vegetal. En boca es graso, con un dulzor fresco, un paso vibrante y un final goloso, persistente y perfumado, con una chispa de amargor muy sutil.

Combina con...
Repostería variada.

Otros vinos de la bodega
Bajo la ampara de la marca Enrique Mendoza, elaboran 10 vinos monovarietales y 3 vinos de ensamblaje.

Precio
8 euros.

www.bodegasmendoza.com

Parotet

Fundada en 1996, es una de las bodegas más innovadoras de la DO Valencia. Tienen 50 hectáreas de viña y una bodega subterránea de más de trescientos años, donde hay 97 tinas de barro antiguas, de 600 a 2.800 litros de capacidad, que han recuperado para elaborar vino tal como hacían sus abuelos.

Tipo de vino
Tinto envejecido en tinas de barro.

Origen
El País Valenciano (DO Valencia).

Bodega
Celler del Roure.

Uvas
75% de mandó y 25% de monastrell, procedentes de 6 hectáreas de la parte más alta de la finca Les Alcusses, plantadas sobre suelos francoarenosos.

Elaboración
Vendimia manual con selección de las uvas en la bodega. Fermentación con levaduras indígenas en depósitos de acero inoxidable. Crianza de catorce meses en tinas de barro de 2.800 litros.

Descripción
Se trata de un vino corpulento, carnoso, con los taninos muy presentes, buena acidez y una punta alcohólica integrada al cuerpo del vino. La crianza en barro ha respetado más la esencia del vino porque no tiene las aportaciones gustativas de la madera.

Combina con...
Estofado de liebre.

Otros vinos de la bodega
Maduresa, Les Alcusses y Cullerot.

Precio
15 euros.

www.cellerdelroure.es

Casa Don Ángel Bobal

La bodega se fundó en 1981 en un edificio de 1919. Posee 42 hectáreas de viñedos sobre pendientes suaves de suelos calcáreos y pedregosos. El clima del lugar es continental, con alguna particularidad térmica.

Tipo de vino
Tinto con crianza en bota.

Origen
El País Valenciano (DO Utiel-Requena).

Bodega
Vera de Estenas.

Uvas
100% de bobal, variedad tradicional de esta DO, que ha pasado de los vinos a granel a los vinos de calidad.

Elaboración
La vendimia se selecciona en la viña cuando tiene el punto de equilibrio deseado, se fermenta durante catorce días y, después de la fermentación maloláctica, reposa dieciocho meses en botas de roble francés de Allier. Antes de salir al mercado, el vino se mantiene embotellado en la bodega durante unos meses.

Descripción
Color muy intenso, con aromas combinados de fruta y crianza. Perfil aromático intenso y complejo que evoluciona favorablemente durante más de 30 minutos. Es un vino corpulento, con una acidez fresca e integrada al conjunto y con los taninos un poco marcados.

Combina con...
Un arroz de conejo de bosque.

Otros vinos de la bodega
Viña Lidón, Martínez Bermell, Estenas, Casa Don Ángel Malbec y Cava Argés.

Precio
17 euros.

www.veradeestenas.com

Teneguía Malvasía Aromática Dulce

Es una de las bodegas de más prestigio de las Islas Canarias y tiene más de sesenta años. Trabajan con uvas tradicionales canarias, como el bujariego, el bastardo, el negramoll, la malvasía, el listán, el baboso y otras variedades.

Tipo de vino
Blanco naturalmente dulce.

Origen
Islas Canarias (DO La Palma).

Bodega
Bodegas Teneguía.

Uvas
100% de malvasía de la viña Los Quemados, en el municipio de Fuencaliente, de cepas plantadas sobre suelos volcánicos.

Elaboración
Las uvas se dejan convertir en pasas en la cepa para concentrar los azúcares. Después se prensa y se hace fermentar. Debido a la alta concentración de azúcares, cuando el mosto termina la fermentación alcohólica todavía quedan azúcares que le darán el sabor dulce al vino.

Descripción
El color es dorado intenso tirando a cobre. Dominan los olores de miel, albaricoque, orejones y mango, con algunos toques cítricos y florales. En boca es denso, meloso, con un paso ágil y muy persistente, tanto aromáticamente com en dulzor.

Combina con...
Repostería variada y pasteles de crema.

Otros vinos de la bodega
Malvasía Estelar, Malvasía Dulce Reserva, Malvasía Seco, Blanco, Rosado, Tinto, Caletas, La Bota, Sabro/Gual y Zeus Negramoll. También elaboran un aguardiente.

Precio
20 euros.

www.bodegasteneguia.com

Agala 1175

Es una bodega familiar fundada en 1942 con la intención de elaborar vino para el consumo de la familia. En 1994 se plantaron la mayoría de las 11 hectáreas de viñedos que poseen, y han instalado un sistema de riego por goteo. El nombre *Agala* es de origen bereber, y hace referencia a las montañas altas. Para la elaboración de uno de sus vinos hacen la vendimia de noche.

Tipo de vino
Tinto con crianza en bota.

Origen
Islas Canarias (DO Gran Canaria).

Bodega
Bodegas Bentayga.

Uvas
Baboso tinto, vijariego y tintilla, de viñas situadas entre 1.050 y 1.318 metros sobre el nivel del mar, plantadas en espaldera sobre suelos arcillosos de los municipios de Tejada y Artenara, donde existen grandes contrastes térmicos entre día y noche.

Elaboración
Una vez vendimiada manualmente, la uva se selecciona en la bodega y se refrigera para extraerle más aromas. Terminada la fermentación alcohólica, el vino se mantiene con las pieles durante unos cuantos días, y después pasa a las botas de roble, donde permanecerá cuatro meses.

Descripción
Tiene color de cereza picota con reflejos violáceos. Destacan aromas de frutos rojos, especias y sutiles recuerdos de su paso por bota. Es untuoso, los taninos son suaves y la acidez está bien integrada.

Combina con...
Un chuletón de buey a la brasa.

Otros vinos de la bodega
Joven, Crianza, Blanco 1318, Dulcelena, Cosecha Nocturna.

Precio
12 euros.

www.bodegasbentayga.com

Cráter

En 1998 un grupo de amigos decidió crear una pequeña bodega para elaborar grandes vinos en Tenerife. Tienen 15 hectáreas de viñedos en espaldera que trabajan según la agricultura integrada. La Finca El Pino la trabajan en biodinámica.

Tipo de vino
Tinto con crianza en bota.

Origen
Islas Canarias (DO Tacoronte-Acentejo).

Bodega
Bodegas Cráter.

Uvas
60% de listán negro y 40% de negramoll, de cepas plantadas sobre suelos volcánicos arcillosos situados en una altitud de 400 metros sobre el nivel del mar.

Elaboración
La vendimia se hace manualmente y, una vez terminada la fermentación alcohólica, el vino todavía permanece quince días macerando con las pieles para aumentar la extracción. La crianza dura seis meses en botas de roble francés y americano de 225 litros de capacidad. Una vez embotellado, el vino reposa veinticuatro meses más en la bodega para acabar de conjuntarse.

Descripción
El color es granate intenso con tonos morados. El perfil aromático lo forman frutos negros maduros, especias, regaliz negro y plantas aromáticas del monte. En boca encontramos también recuerdos de chocolate negro y sutiles notas de la bota. El vino es largo, estructurado, de taninos suavizados, con un toque salino y de paso de boca fácil y agradable.

Combina con...
Un pato asado con ciruelas.

Otros vinos de la bodega
Magma y Blanco de Cráter.

Precio
23 euros.

www.craterbodega.com

El Grifo
Moscatel de Ana

La bodega se fundó en 1775, y es la más antigua de
Canarias y de las más viejas del territorio español.
Actualmente tienen unas 60 hectáreas de viña, que reciben
no más de 150 litros al año de lluvia y donde las cepas se
protegen con muros de piedra seca, que en conjunto tienen
unos 100 kilómetros de longitud.

Tipo de vino
Blanco dulce con crianza oxidativa.

Origen
Islas Canarias (DO Lanzarote).

Bodega
El Grifo.

Uvas
100% de moscatel de Alejandría, plantado
sobre pie franco ya que nunca llegó allí la
filoxera. Esto ha propiciado que todavía se
conserven algunas cepas del siglo XIX.

Elaboración
La uva se recoge madura y se deja
que los granos se conviertan en pasa.
Cuando está en el punto justo de dulzor
se le hace una maceración pelicular
y, posteriormente, la fermentación
alcohólica, que se interrumpe con alcohol
vínico cuando quedan unos 100 gramos
de azúcar por litro. Después de reposar
unos cuantos días, el vino se pasa a botas

de 500 litros, donde se somete a una
crianza oxidativa que sigue el sistema de
criaderas y soleras.

Descripción
El vino tiene un equilibrio muy
bueno entre dulzor y acidez, cosa
que lo convierte en fresco a pesar
del intenso dulzor. Tiene un color
ámbar transparente y unos recuerdos
aromáticos de pasas, miel, higos secos,
frutas confitadas, especias y un leve
recuerdo de la bota.

Combina con...
Postres de chocolate y quesos azules.

Otros vinos de la bodega
Elaboran 16 vinos más, entre los cuales
hay dos vinos espumosos.

Precio
20 euros.

www.elgrifo.com

Evolució Pinot Noir

La bodega es del año 2008 y está ubicada en la pequeña población de Auvinyà, en el municipio de Sant Julià de Lòria. La producción total de la bodega es, actualmente, de solo 3.000 botellas anuales. El trabajo en los viñedos es casi todo manual. Algún año la dureza de la meteorología ha estropeado completamente la cosecha y no se ha podido elaborar vino.

Tipo de vino
Tinto con crianza en bota.

Origen
Andorra.

Bodega
Casa Auvinyà.

Uvas
100% de pinot noir, de viñas que tocan a la bodega, a 1.200 metros de altitud, en tierras con pendientes de hasta el 60%. Son solo 2 hectáreas de viñedos, ordenados en pequeñas terrazas de montaña, sobre suelos de pizarra y con muy bajas producciones.

Elaboración
La fermentación alcohólica se hace en depósitos de cemento con las levaduras de la uva, con remontados diarios durante unos quince o veinte días. La crianza es de cinco meses en botas de roble francés y de nueve meses más de reposo en botella.

Descripción
Fue el primer vino tinto elaborado en Andorra. Se trata de un vino elegante, lleno de matices, fresco, expresivo y con dominio aromático de los frutos rojos ácidos y algún toque herbáceo, con violetas y especias. Las etiquetas de los vinos son obra de los artistas Mapi Rivera y Enrique Torrijos.

Combina con...
Una paletilla de cordero al horno.

Otros vinos de la bodega
Imagine (vino de nieve), Evolució Syrah.

Precio
40 euros.

www.casaauvinya.ad

Gewürztraminer Roche Calcaire

La bodega se fundó en 1959, pero la historia vinícola de la familia Humbrecht empieza en 1620 y llega hasta hoy en día pasando de padres a hijos. Desde el año 2002 está certificada como bodega biodinámica.

Tipo de vino
Blanco con crianza sobre las madres.

Origen
Alsacia, Francia (AOC Alsace).

Bodega
Domaine Zind-Humbrecht.

Uvas
100% de gewürztraminer, de viñas con un promedio de treinta y cuatro años de edad, plantadas sobre diferentes suelos calcáreos.

Elaboración
Una vez la uva se encuentra en la bodega, se prensa y se aguarda a que las levaduras salvajes empiecen la fermentación alcohólica, que transcurre en antiguas tinas de madera de dos a catorce meses, dependiendo de las cosechas. Pasados un mínimo de seis meses en contacto con las madres, el vino se trasiega. Entre doce y veinticuatro meses después de la vendimia, se embotella sin estabilizar ni clarificar.

Descripción
El perfil aromático —típico de Alsacia— desprende aromas de pomelo, membrillo fresco, toques florales, especias exóticas y alguna nota de miel. En boca se percibe un poco de dulzor y de acidez muy bien equilibrados e integrados al conjunto del vino. Un vino para guardar hasta diez años.

Combina con...
Sepia con albóndigas.

Otros vinos de la bodega
Tienen 24 vinos monovarietales elaborados con pinot gris, pinot blanco, riesling, gewürztraminer y muscat.

Precio
23 euros.

www.zindhumbrecht.fr

Cuvée Caroline

La bodega es del 1966 y desde el año 2006 cuenta con la colaboración del propietario de Château Angelus, que ha dado un gran impulso a la calidad de los vinos. Tienen 96 hectáreas de viña con una gran densidad de plantación y poco rendimiento por cepa para favorecer la calidad de la uva.

Tipo de vino
Blanco con crianza en bota.

Origen
Burdeos, Francia (AOC Graves).

Bodega
Château de Chantegrive.

Uvas
50% de sauvignon blanco y 50% de sémillon, procedentes de 16 hectáreas de viñedos de treinta años trabajados según la agricultura integrada y plantados sobre suelos de arena y grava con un subsuelo arcillocalcáreo.

Elaboración
La vendimia es manual, con doble selección de la uva. Cuando llega a la bodega se somete a una maceración pelicular en frío durante tres semanas. Tanto la fermentación alcohólica como la crianza —de ocho a diez meses— se producen en botas de roble francés (50% nuevas).

Descripción
Una mezcla de cítricos y de mantequilla fundida es la primera impresión que llega desde la copa al beber este vino. También se encuentran matices de lichis, vainilla, albaricoque y frutas tropicales. En boca es equilibrado, fresco, con volumen y con la madera poco marcada y muy bien integrada. Se puede guardar cuatro o cinco años desde la vendimia.

Combina con...
Una dorada salvaje al horno.

Otros vinos de la bodega
Chantegrive Blanc, Chantegrive Rouge, La Grive Rose.

Precio
25 euros.

www.chantegrive.com

Chevalier de Château Lascombes

La bodega es un antiguo castillo lleno de romanticismo y su nombre proviene del primer propietario, Antoine de Lascombes, del siglo XVII. Desde 2001 pertenece al grupo MACF y está clasificado como Second Grand Cru.

Tipo de vino
Tinto con crianza en bota.

Origen
Burdeos, Francia (AOC Margaux).

Bodega
Château Lascombes.

Uvas
55% de merlot y 45% de cabernet sauvignon, procedentes de las cepas más jóvenes de las 112 hectáreas de viña que tiene la bodega.

Elaboración
La uva tiene dos triajes, en la viña y en la bodega, y una vez que entra en la bodega se le aplica una maceración en frío. La fermentación dura de treinta a cuarenta días en depósitos de acero inoxidable y en tinas de madera. La fermentación malo-láctica se hace en botas de roble francés y, a continuación, el vino permanece cuatro meses con las madres. Después de hacer el ensamblaje, el vino se deja madurar en las botas durante doce meses más.

Descripción
El color es granate, transparente y atractivo. Las frutas y las especias dominan en la gama de aromas del vino, y en boca es aterciopelado, de cuerpo medio, taninos suaves y con una acertada acidez. Para beberlo pasados cinco años y para guardarlo diez o doce años. Es el segundo vino del Château Lascombes.

Combina con...
Lomo de corzo con una salsa de frutos del bosque.

Otros vinos de la bodega
Château Lascombes, Lascombes Haut Médoc.

Precio
30 euros.

www.chateau-lascombes.com

Réserve de la Comtesse

La bodega es de finales del siglo XVII y tiene 90 hectáreas de viña, 11 de las cuales, en la vecina AOC Saint-Julien. Dependiendo de las parcelas, los suelos son calcáreos, de margas, arcillosos o de grava. Trabajan siguiendo la agricultura integrada.

Tipo de vino
Tinto con crianza en bota.

Origen
Burdeos, Francia (AOC Pauillac).

Bodega
Château Pichon Longueville Comtesse de Lalande.

Uvas
53% de cabernet sauvignon, 40% de merlot, 4% de cabernet franc y 3% de petit verdot, procedentes de las mismas viñas de donde sale el primer vino de la bodega, plantadas sobre suelos profundos de gravas.

Elaboración
La vendimia se hace manualmente y la fermentación, en depósitos de acero inoxidable durante tres semanas. El vino se clarifica con claras de huevo batidas y la crianza se alarga unos veinte meses en botas de roble, de las cuales un 80% son nuevas.

Descripción
Es el segundo vino de la bodega y se puede beber ahora o guardarlo diez o doce años más. La parte aromática la dominan los frutos rojos maduros, violetas y especias, mientras que en boca es corpulento, con taninos elegantes y bien pulidos y con una larga persistencia. Un vino con personalidad, adecuado para iniciarse en los vinos bordeleses. Conviene airearlo una hora antes de servirlo.

Combina con...
Una costilla de buey a la brasa con unos pimientos verdes fritos.

Otros vinos de la bodega
Château Pichon Longueville Comtesse de Lalande Second Cru Classé.

Precio
47 euros.

www.pichon-lalande.com

Cyprès de Climens

Château Climens es un Premier Cru dentro de la clasificación de los vinos de Burdeos. La bodega tiene actividad desde el siglo XVI y desde hace años trabajan según la biodinámica.

Tipo de vino
Blanco licoroso con podredumbre noble.

Origen
Burdeos, Francia (AOC Barsac).

Bodega
Château Climens.

Uvas
100% de sémillon, seleccionadas cuidadosamente para asegurar que están tocadas por la podredumbre noble. Se obtienen de 29 hectáreas de viñas plantadas sobre suelos calcáreos y aluviales de arcillas rojas, con producciones inferiores a los 1.500 litros por hectárea.

Elaboración
Una vez recogida y prensada, la uva se hace fermentar en botas de roble francés (40% nuevas), donde harán también la crianza con sus madres de dieciocho a veinticuatro meses, en función de la añada.

Descripción
Aromáticamente es muy complejo y potente, y destacan en él aromas de piel de naranja, miel, flores blancas, orejones y membrillos. Es un vino con una alta acidez que contrasta armónicamente con el dulzor en perfecto equilibrio, y consigue ser a la vez fresco y dulce. Es untuoso, goloso y persistente, con una excelente relación calidad-precio. Se puede guardar unos diez años desde la cosecha.

Combina con...
Anchoas en salazón, quesos azules y chocolate negro.

Otros vinos de la bodega
Además del Cyprès de Climens, solo elaboran el Château Climens, el primer vino de la bodega.

Precio
40 euros.

www.chateau-climens.fr

Château Lafleur-Gazin

La bodega está ubicada entre Château Lafleur y Château Gazin, y pertenece al grupo de bodegas de Jean-Pierre Moueix (propietario del mítico Pétrus) desde el año 1976. Tienen 8,5 hectáreas de viña en el altiplano de Pomerol. La bodega pertenece a la familia Borderie desde hace tres generaciones.

Tipo de vino
Tinto con crianza en bota.

Origen
Burdeos, Francia (AOC Pomerol).

Bodega
Château Lafleur-Gazin.

Uvas
85% de merlot y 15% de cabernet franc, de cepas de unos treinta años plantadas en suelos de arcilla, limo, arena y grava. La viña se trabaja a la manera tradicional de la zona.

Elaboración
La vendimia se hace a mano y la elaboración es la habitual de un tinto, fermentado en depósitos de acero inoxidable. El trabajo más importante tiene lugar en la viña, de manera que en la bodega solo es necesario mimar la uva. La crianza es de dieciocho a veintidós meses en botas de roble francés, que se renuevan escalonadamente cada cinco años.

Descripción
El color es rubí brillante, con aromas de frutos negros (moras, ciruelas) y con notas balsámicas, ahumadas, de especias y algún recuerdo de tabaco de pipa. Es un vino elegante, estructurado y persistente. Para disfrutarlo plenamente se recomienda beberlo cinco años después de la cosecha, porque gana expresividad. Las cosechas buenas se pueden guardar diez o quince años.

Combina con...
Un ternasco a la cazuela.

Otros vinos de la bodega
No elaboran ningún otro vino a parte de este.

Precio
43 euros.

www.moueix.com

Château du Courlat

La finca tiene 17 hectáreas de viña, es una de las mejores *cru* de esta AOC, y durante la Edad Media había sido propiedad de los Barones de Montagne, que plantaron las primeras viñas. Trabajan en agricultura integrada.

Tipo de vino
Tinto con crianza en bota.

Origen
Burdeos, Francia (AOC Lussac - Saint-Émilion).

Bodega
Domaine Château de Courlat.

Uvas
90% de merlot y 10% de cabernet franc, aunque hay cosechas con un poco de cabernet sauvignon. Las uvas proceden de 13 hectáreas de viña de más de veinticinco años, plantada en pendientes sobre suelos calcáreos arcillosos y limosos.

Elaboración
La uva se selecciona tanto en la viña como en la entrada de la bodega. Se fermenta en depósitos de acero inoxidable y de cemento, y después se hace una maceración postfermentativa de cuatro semanas. La crianza se hace en botas —30% nuevas— y el vino se embotella pasados de dieciocho a veinte meses desde la vendimia.

Descripción
El vino es estructurado, con un paso de boca untuoso y suave, a pesar del contrapunto un poco seco de los taninos. Por lo que respecta a los aromas, destacan frutos rojos y recuerdos de la bota de roble. Pasado un rato aparecen notas de cacao, ciruelas negras, moras, violetas y sensaciones de tostado.

Combina con...
Butifarra a la brasa con un salteado de setas de temporada.

Otros vinos de la bodega
Château du Courlat Cuvée Jean Baptiste.

Precio
18 euros.

www.chateauducourlat.com

Billaud-Simon Chablis

La bodega es del 1815, aunque en 2014 la adquirió el actual propietario, que ha mantenido la calidad y la personalidad habitual de la bodega. Son verdaderos especialistas en trabajar el chardonnay —tanto en la viña como en la bodega—, que cultivan en 8 *crus* diferentes de los alrededores del municipio de Chablis.

Tipo de vino
Blanco sin crianza en bota.

Origen
La Borgoña, Francia (AOC Chablis).

Bodega
Domaine Billaud-Simon.

Uvas
100% de chardonnay, procedente de 20 hectáreas de viña plantada sobre sedimentos, caparazones y restos marinos de hace 155 millones de años, característico de la zona de Chablis.

Elaboración
La fecha de la vendimia se decide probando las uvas diariamente, y luego se hace una cuidadosa selección. Una vez la uva se encuentra en la bodega, se prensa suavemente y se deja que la fermentación se inicie con las levaduras espontáneas de la misma uva.

Descripción
El perfil aromático está marcado por recuerdos de plantas medicinales, plátano, melocotón, cítricos, membrillo y algún toque de brioche. En boca es afrutado, fresco y muy equilibrado, a pesar de una discreta punta de acidez que le aporta nervio al vino.

Combina con...
Unas supremas de salmón a la plancha maceradas con lima.

Otros vinos de la bodega
Tienen 10 vinos más, todos acogidos a la OAC Chablis.

Precio
22 euros.

www.billaud-simon.com

Joseph Drouhin Côte de Beaune Rouge

Fundada en 1880, la bodega todavía sigue en manos de la misma familia. Poseen 73 hectáreas de viña plantadas con chardonnay y pinot noir —mayoritariamente *grands crus* y *premiers crus*— que trabajan en ecológico o en biodinámico. También compran uva a viticultores de confianza.

Tipo de vino
Tinto con crianza en bota.

Origen
La Borgoña, Francia (AOC Beaune).

Bodega
Maison Joseph Drouhin.

Uvas
100% de pinot noir, de viñas de muy baja producción, ubicadas en la colina que se levanta al lado de la ciudad de Beaune sobre suelos arcillocalcáreos.

Elaboración
La vendimia es manual, con selección de las uvas en la viña. La fermentación se hace con las levaduras indígenas de la uva y, contando la maceración posterior, dura dos o tres semanas. Al principio se hunde el sombrero a mano una vez al día y después se hace con remontados suaves con la misma frecuencia. La crianza se hace en botas (10% nuevas) de doce a quince meses.

Descripción
En nariz destacan olores de fresas, grosellas y moras, con recuerdos más sutiles de pimienta, canela y chocolate. Tiene un paso de boca fácil, los taninos son suaves, la acidez da frescura y es carnoso y elegante. Se puede guardar entre ocho y diez años desde la cosecha.

Combina con...
Ternera con setas.

Otros vinos de la bodega
Tienen más de 100 referencias de vino repartidas entre unas 90 AOC de la Borgoña.

Precio
33 euros.

www.drouhin.com

J. J. Confuron «Les Fleurières»

Los orígenes de la bodega se tienen que buscar en el siglo XVIII, pero no coge renombre internacional hasta el último tercio del siglo XX. Tienen 8 hectáreas de viña repartidas por toda la Côte de Nuits, plantada mayoritariamente de pinot noir.

Tipo de vino
Tinto con crianza en bota.

Origen
La Borgoña, Francia (AOC Nuits-Saint-Georges).

Bodega
Domaine J. J. Confuron.

Uvas
100% de pinot noir, procedente de la viña Les Fleurières, producido por cepas de más de cuarenta años.

Elaboración
Después de vendimiar la uva, se prensa con un 30% de la cosecha sin desraspar y se deja que haga una maceración prefermentativa de cuatro a ocho días, con poca adición de sulfuroso. La fermentación alcohólica se hace en depósitos de cemento durante un par de semanas, y después pasa la crianza en botas (30% nuevas), donde permanece entre quince y dieciocho meses.

Descripción
La expresividad aromática viene marcada por los frutos rojos, cerezas picotas y casis especialmente, con notas florales y discretos recuerdos de chocolate, regaliz y granadas. El vino tiene algún toque de rusticidad que le da un punto de austeridad dentro de la complejidad general y hace que sea recomendable decantarlo. Se puede guardar entre cinco y ocho años desde la vendimia.

Combina con...
Un filete de buey a la plancha.

Otros vinos de la bodega
En total son una quincena de referencias acogidas a diferentes AOC borgoñonas.

Precio
50 euros.

www.jjconfuron.com

Gevrey-Chambertin Vieilles Vignes

En 1961 se fundó la bodega y en 1990 se reinventó y subió el nivel de calidad de sus vinos. En 2008 dieron un paso más y sacaron al mercado su primer vino biodinámico. Tienen viñas tanto en la Côte de Beaune como en la Côte de Nuits y, por lo tanto, vinos que se acogen a distintas AOC de cada zona.

Tipo de vino
Tinto con crianza en bota.

Origen
La Borgoña, Francia (AOC Gevrey-Chambertin).

Bodega
Domaine Rossignol-Trapet.

Uvas
100% de pinot noir, que proceden de 4 hectáreas de viña de cincuenta años de edad, ubicadas en tres parcelas diferentes y cultivadas en biodinámica (certificadas Demeter), plantadas en terrenos arcillosos secos y pobres y con gravas calcáreas.

Elaboración
La vendimia se hace a mano y posteriormente las uvas se prensan con suavidad y se les aplica un suave desfangado. La fermentación alcohólica y la maloláctica se hace en botas (usadas y nuevas), al igual que la crianza, que tiene una duración de catorce a dieciocho meses. El vino se embotella sin clarificar ni filtrar.

Descripción
Se trata de un vino elegante, carnoso, con la madera bien integrada, fresco, fácil de beber, de taninos pulidos y con amplitud en boca. La parte aromática se basa en los frutos rojos y negros, especias y flores secas, y un discreto recuerdo de la bota.

Combina con...
Un codillo de cerdo estofado con vino blanco.

Otros vinos de la bodega
Su catálogo contiene 13 vinos más de diferentes AOC de la Borgoña.

Precio
45 euros.

www.rossignol-trapet.com

Manuel Olivier Brut

En 1990 Manuel Olivier se instaló en Hautes-Côtes de Nuits y actualmente tiene 11 hectáreas de viña entre las subregiones Hautes-Côtes de Nuits, Côte de Nuits y Côte de Beaune, todas en la región vinícola de la Borgoña. Sus vinos son el resultado de mucha reflexión e intuición.

Tipo de vino
Espumoso blanco.

Origen
La Borgoña, Francia (AOC Crémant-de-Bourgogne).

Bodega
Domaine Manuel Olivier.

Uvas
50% de chardonnay, 25% de aligoté y 25% de pinot noir, de viñas jóvenes de menos de quince años, plantadas sobre suelos arcillocalcáreos y trabajadas según la agricultura integrada.

Elaboración
Sigue el método tradicional de segunda fermentación en botella, como cava o *champagne*. A los vinos base se les hace la fermentación maloláctica para bajar un poco la acidez y la dureza. Finalmente, el vino se deja con unos 8 gramos por litro de azúcar añadido.

Descripción
El chardonnay aporta finura, el aligoté frescura y el pinot noir estructura. Fresco, con una intensidad aromática mediana, afrutado con toques florales y notas de brioche, avellanas y crema inglesa. La burbuja es fina, el cuerpo alto y el color dorado con tendencia al ámbar. El poco azúcar que tiene se percibe muy poco en boca. Se puede guardar de tres a cinco años.

Combina con...
Un aperitivo variado o un arroz de montaña.

Otros vinos de la bodega
Tiene 23 vinos de todo tipo acogidos a diferentes AOC de la Borgoña.

Precio
12 euros.

www.vindebourgogne-manuel-olivier.com

Meursault Premier Cru «Les Charmes Dessus»

Aunque la familia tiene tradición vinícola desde el siglo XVII, la actividad de la bodega empezó en 1980. En 2003 hacen un cambio conceptual en los métodos de trabajo, y actúan el mínimo sobre la viña y el vino, para transmitirles la personalidad de los diferentes *terroirs*.

Tipo de vino
Blanco con crianza en bota.

Origen
La Borgoña, Francia (AOC Meursault 1r Cru).

Bodega
Vincent Girardin.

Uvas
100% de chardonnay, de uvas de sesenta y cinco años conducidas en poda Guyot, plantadas sobre suelos arcillocalcáreos del municipio de Meursault.

Elaboración
Las uvas se vendimian manualmente y se seleccionan antes de recogerlas. Una vez en la bodega, se hace un prensado y un desfangado suaves, y el mosto obtenido pasa a botas de 228 litros (un 20% nuevas), donde hace la fermentación alcohólica, la maloláctica y la crianza de dieciséis meses. Se embotella cuando lo recomienda el calendario lunar, después de una discreta clarificación y filtración.

Descripción
El vino es estructurado, denso, persistente, cremoso y con amplitud de boca. En nariz es complejo y suelta aromas de pan tostado, melocotones de viña, almendras tostadas y un toque ahumado.

Combina con...
Carrilleras de atún estofadas.

Otros vinos de la bodega
Tienen muchas referencias de vino dentro de 5 *grands crus*, 41 *premiers crus* y *vins de commune*.

Precio
57 euros.

www.vincentgirardin.com

Delamotte Brut

La bodega Delamotte se fundó en 1760, y en 1988 se asoció con Champagne Salon. Tienen 5 hectáreas de viña propia en la zona de *grand cru* de Le Mesnil-sur-Oger, y compran uvas a otras *grands crus*.

Tipo de vino
Espumoso blanco de fermentación en botella.

Origen
Francia (AOC Champagne - Côtes des Blancs).

Bodega
Champagne Delamotte.

Uvas
55% de chardonnay, 35% de pinot noir y 10% de meunier, procedentes de diferentes *grands crus* de la Champagne. Las proporciones de las uvas pueden variar ligeramente en cada partida.

Elaboración
Cada variedad de uva se cosecha y se fermenta por separado, y se obtiene un vino blanco ácido monovarietal. Una vez hecha la igualación de las diferentes variedades se obtiene el vino base, al cual se le adiciona azúcar y levaduras para iniciar una segunda fermentación dentro de la botella y obtener el vino espumoso. Es lo que se llama método tradicional. Después se estará un mínimo de treinta y cinco meses reposando en las cavas.

Descripción
Es un espumoso de burbuja muy fina y persistente, que ofrece aromas de levaduras, toques tostados y alguna nota cítrica. En boca es equilibrado, fresco, ágil, de cuerpo mediano y con una chispa de dulzor.

Combina con...
Unas gambas a la plancha muy poco hechas.

Otros vinos de la bodega
Blanc de Blancs, Brut Collection, Rosé.

Precio
34 euros.

www.champagnedelamotte.fr

Drappier Quattuor

El nombre *quattuor* significa cuatro en latín y hace referencia a las cuatro variedades de uva blanca con las que se elabora este vino. La familia Drappier se dedica a la viticultura desde el siglo XIV y la cava es del siglo XII, construida por monjes cisterciense.

Tipo de vino
Espumoso brut elaborado según el método tradicional.

Origen
La Champaña, Francia (AOC Champagne).

Bodega
Champagne Drappier.

Uvas
Partes iguales de las variedades blancas arbanne, petit meslier, blanc vraie y chardonnay.

Elaboración
Una vez vendimiada, la uva se prensa muy suavemente y se hace la fermentación alcohólica. Después se hace el ensamblaje de las diferentes variedades y se embotella el vino con el azúcar y las levaduras, que harán la segunda fermentación en botella. La crianza en rima es como mínimo de tres años. Es casi la única bodega que elabora botellas de tamaño *melquissedec* (de 30 litros), que hacen la segunda fermentación en la misma botella.

Descripción
Paleta aromática formada por notas cítricas, recuerdos de levaduras y cruasanes acabados de hornear, manzana madura y flores blancas. Es un espumoso fresco, con cuerpo, con solo 4 gramos de azúcar por litro y muy persistente. Se puede guardar bien cinco años.

Combina con...
Unos canelones de pescado y marisco.

Otros vinos de la bodega
Blanc de Blancs, Brut, Brut Nature, BN Sans Sufre, Rosé, BN Rosé, Grande Sendré, Charles de Gaulle y Millésime Exception.

Precio
50 euros.

www.champagne-drappier.com

Clos Teddi Patrimonio Rosé

La bodega se fundó en 1970, pero la primera vinificación no se hizo hasta 1999, de la mano de la hija del fundador. Trabajan con las variedades vermentino (blanca) y nielluccio, sciacarello y garnacha (tintas). El nombre Teddi viene de Thêtis, la diosa griega del mar.

Tipo de vino
Rosado criado con las madres.

Origen
Córcega, Francia (AOC Patrimonio).

Bodega
Clos Teddi.

Uvas
80-90% de nielluccio (que en la Toscana llaman sangiovese) y el tanto por ciento restante es sciacarello (variedad típica del norte de Córcega procedente de la Toscana), de viñas ecológicas o biodinámicas de quince años de edad.

Elaboración
La vendimia se hace a máquina y con la cuarta parte del sciacarello se hace una maceración pelicular en frío antes de pasar a la prensa. Una vez terminada, el vino tiene una crianza sobre las madres.

Descripción
Un vino difícil de encontrar porque se consume casi todo en la isla. Tiene una nota aromática salina que acompaña a los aromas de fresa, hinojo, higuera, geranio y un punto de especias. El color es muy pálido —del estilo de los rosados de la Provenza, que están actualmente de moda— y la acidez es moderada, pero se percibe durante toda la degustación. Un vino para comprar y beber.

Combina con...
Un *risotto* de setas.

Otros vinos de la bodega
Blanc, Rouge, Grande Cuvée Blanc, G. C. Rosé, G. C. Rouge, Tradition Blanc, T. Rosat y T. Rouge.

Precio
15 euros.

www.closteddi.com

François Mossu
«Vin de Paille»

A François Mossu lo llaman «el papa del vino de paja», por la gran calidad de este vino, que ya elaboraba su abuelo. Trabaja solo con su hija.

Tipo de vino
Dulce con larga crianza.

Origen
El Jura, Francia (AOC Côtes du Jura).

Bodega
François Mossu.

Uvas
Poulsard, chardonnay y savagnin a partes iguales, obtenidas de 4 hectáreas de viñas propias en el municipio de Voiteur.

Elaboración
Las uvas se cosechan cuando son maduras y se dejan volver pasas colgadas o extendidas sobre paja de tres a cinco meses, para concentrar azúcares y acidez. Después la uva se prensa con mucho cuidado y se obtiene un mosto muy denso que se hace fermentar en depósitos de acero inoxidable durante cinco meses. Acabada la fermentación, el vino se pasa a botas viejas, donde permanece tres años.

Descripción
Este vino tiene un color ámbar intenso que acompaña una gama aromática compleja y elegante, donde encontramos recuerdos de fruta seca, dátiles, pasas, higos, piel de naranja, membrillos y un toque de especias y hierbas medicinales. En boca es meloso, con un excelente equilibrio entre dulzor y acidez y con una larga persistencia. Se puede beber ahora o guardarlo hasta cincuenta años. Vale su precio.

Combina con...
Un rato de relax, o con una tarta de Sacher.

Otros vinos de la bodega
Savagnin y Château Chalon.

Precio
37 euros (solo en botellas de 37,5 cl).

Web desconocida. Dirección electrónica: francois.mossu@orange.fr

Château de Pinet - Picpoul de Pinet

La bodega la fundó en el siglo XVIII un oficial de la marina francesa y ha ido pasando de padres a hijos —actualmente son madre e hija (Simone y Anne-Virginie) las que la dirigen—. Se trata de la bodega más antigua de la AOC y trabajan sus 60 hectáreas de viña según la agricultura integrada.

Tipo de vino
Blanco con crianza sobre las madres.

Origen
El Languedoc, Francia (AOC Côteaux de Languedoc - Picpoul de Pinet).

Bodega
Château de Pinet - Vignobles Gaujal de Saint Bon.

Uvas
100% de picapoll blanco. Las viñas de esta bodega tienen intencionadamente muy poco rendimiento para conseguir así concentración y alta calidad, y están plantadas en suelos de arcillas y gravas calcáreas.

Elaboración
La fermentación es larga porque se hace a temperaturas bajas para extraer la mejor expresión de la variedad. Se trabaja a la manera tradicional, pero con criterio y tecnología actuales.

Descripción
Es un vino honesto, elegante, sin florituras innecesarias y con un encanto especial. Un gran picapoll, diferente de los habituales y a un precio sorprendente.

Combina con...
Unas ostras frescas con un toque de limón.

Otros vinos de la bodega
Domaine Lou Peyrette, Cuvée Lou Peyrette y Cuvée des Comtesses, y tienen también un vino rosado y un tinto acogidos a la indicación geográfica Vin de Pays des Côtes de Thau.

Precio
8 euros.

Web desconocida. Dirección electrónica: chateaudepinet@voila.fr

Mâle

La bodega se fundó en 2001 y en estos momentos tienen 13 hectáreas de viña ecológica. El nombre de la bodega, Roquemale, hace referencia a las dificultades para trabajar el terreno y a la poca producción que da. Las cepas se conducen en vaso o en cordón royat, dependiendo de la variedad de uva. Algunas variedades se recogen de noche.

Tipo de vino
Tinto con crianza en bota.

Origen
Occitania, Francia (AOC Languedoc).

Bodega
Domaine de Roquemale.

Uvas
90% de syrah y 10% de garnacha tinta, de viñas rodeadas de garrigas sobre suelos arcillocalcáreos muy pedregosos, que en su subsuelo tienen antiguas minas de bauxita.

Elaboración
La uva se cosecha a mano, se desraspa y se fermenta separadamente por parcelas. Acabada la fermentación, se provoca la fermentación maloláctica, se sulfita un poco el vino y se pasa a botas de roble, de las cuales un 50% son nuevas. La crianza en las botas se mantiene durante un año.

Descripción
El vino es potente, elegante y marcado por el syrah. Tiene intensos aromas de matojos y especias, algún toque de reducción, notas ahumadas y recuerdos mentolados. En boca es carnoso, equilibrado y con taninos intensos pero pulidos.

Combina con...
Un magret de pato asado con hierbas provenzales.

Otros vinos de la bodega
Les Rocs Blancs, Les Cistes, Méli Mélo, Les Terrasses, Les Grés, La Grande, Lema y Sans Filet.

Precio
22 euros.

www.roquemale.com

Château La Casenove Rivesaltes Tuilé

La finca tiene más de cuatrocientos años y siempre ha pertenecido a la misma familia. Actualmente la dirige y trabaja Étienne Montes, que mima las 40 hectáreas de viña —de suelos muy variados— en función de cada parcela.

Tipo de vino
Vino dulce natural (VDN) tinto con crianza en depósito.

Origen
El Rosellón, Francia (AOC Rivesaltes).

Bodega
Domaine La Casenove.

Uvas
100% de garnacha tinta, procedente de viñas plantadas en 1965 sobre suelos arcillosos mezclados con cantos rodados.

Elaboración
La vendimia se hace después de probar las uvas, se desraspa y se vinifica como cualquier tinto. Cuando el nivel de los azúcares está sobre unos 100 gramos por litro se para la fermentación añadiéndole alcohol vínico. Se mantiene la maceración con las pieles durante tres semanas y se pasa a los depósitos, donde hará la crianza reductiva (sin contacto con el aire) durante dos años.

Descripción
A pesar de la larga crianza, los frutos rojos toman el protagonismo aromático de este vino de color granate intenso. El vino es potente, dulce pero no empalagoso, untuoso, persistente y muy elegante. Es necesario decantar el vino una hora antes de beberlo y se puede guardar entre quince y veinte años.

Combina con...
Unos postres de chocolate negro y frutos rojos.

Otros vinos de la bodega
Rivesaltes Ambré, La Garrigue, Cuvée Commandant François Jaubert, La Colomina, Les Clares, Les Clares Petites, Torrespeyres y Muscat de Rivesaltes.

Precio
16 euros.

www.domainelacasenove.com

Domaine du Traginer Banyuls Grand Cru

El nombre de la bodega es un homenaje al tío del propietario, que después de la guerra civil española hacía de porteador de lado a lado de la frontera. Una buena parte de las viñas —ubicadas en un espléndido paraje vinícola— se trabajan con una mula por la accidentada orografía del terreno.

Tipo de vino
Dulce natural tinto con crianza en bota.

Origen
El Rosellón, Francia (AOC Banyuls).

Bodega
Domaine du Traginer.

Uvas
65% de garnacha tinta, 25% de garnacha gris y 10% de cariñena, de 8 hectáreas de viña de cuarenta años situadas entre Banyuls y Cotlliure, sobre suelos de esquistos formados en pendientes y terrazas.

Elaboración
Se cosechan las uvas bien maduras, se desraspan y se les añade alcohol vínico ecológico. Pasadas tres semanas se prensan y se envejecen en botas de roble, sin clarificar ni filtrar, durante más de seis años.

Descripción
El color es rojo tirando a cobre, con un abanico aromático muy amplio y complejo, en el cual encontramos recuerdos de cacao, ciruelas en aguardiente, té negro y azafrán, entre otros matices. Llena mucho la boca y el dulzor de la uva queda compensado con una buena acidez y un alto nivel alcohólico. Este vino se puede guardar durante veinte o treinta años sin que su calidad se reduzca.

Combina con...
Una tarta de Sacher tradicional.

Otros vinos de la bodega
Cuatro vinos de Banyuls y cinco de Cotlliure.

Precio
25 euros.

www.traginer.fr

Prunelart

La finca tiene 27 hectáreas de viña certificadas como ecológicas, en suelos arcillocalcáreos y arcilloarenosos. Es la sexta generación de viticultores y desde 1970 son punteros en la recuperación de las antiguas variedades de uva de la zona de Galhac, donde se encuentra la bodega. Solo elaboran vinos monovarietales y algunos de los mejores vinos dulces de la zona. Han escrito el libro sobre los dos mil años de historia de esta región, indispensable para conocer los vinos de Galhac.

Tipo de vino
Tinto con crianza en bota.

Origen
Región Vinícola del Sudoeste, Francia (IGP Côtes du Tarn).

Bodega
Domaine Plageoles.

Uvas
100% de prunelart, de viñas propias dentro de la zona vinícola de Galhac.

Elaboración
Enfriamiento de la uva desraspada. Fermentación espontánea con las levaduras indígenas.

Descripción
Intenso color rubí-púrpura. Perfil aromático potente y complejo con recuerdos de ciruelas negras y combinación de especias. Vino carnoso y estructurado, con una fina acidez y mucha personalidad.

Combina con...
Carnes rojas o de caza.

Otros vinos de la bodega
Ondenc, Loin de l'Œil, Verdanel, Mauzac, Duras, Vin d'Autan y Vin de Voile (elaborado según el sistema de soleras).

Precio
19 euros.

www.vins-plageoles.com

Prémices

La bodega fue fundada en 1995. Su idea es que «el trabajo del creador no se borre ante la creación». Tienen 15 hectáreas de viñedos repartidos en cinco municipios, y desde 2011 están certificados como biodinámicos.

Tipo de vino
Blanco con crianza en bota.

Origen
El Loira, Francia (AOC Jasnières).

Bodega
Domaine de Bellivière.

Uvas
100% de chenin blanco, de viñas jóvenes biodinámicas sobre suelos de arcillas de sílex y fondos de *tuffeau* (toba calcárea típica de la zona).

Elaboración
La vendimia se hace manualmente, y una vez prensada la uva se fermenta en botas de roble con sus levaduras indígenas. Dentro de la bodega todo se mueve por gravedad para evitar castigar la vendimia y el vino. La crianza también se hace en botas de roble durante unos diez meses.

Descripción
Aromáticamente es complejo, con notas de flores blancas, ciruelas amarillas y pomelo. En boca la acidez es discretamente alta, el vino es equilibrado, fresco y persistente. Según la añada el vino puede tener un discreto dulzor.

Combina con...
Salmón ahumado, con eneldo y mantequilla.

Otros vinos de la bodega
Tienen 8 vinos más, 4 blancos, 3 tintos y 1 rosado.

Precio
17 euros.

www.belliviere.com

François Chidaine «Les Bournais»

La bodega se fundó en 1980 y desde el año 1999 sus vinos están certificados como biodinámicos, y han hecho del respeto a la viña uno de sus lemas. Tienen 20 hectáreas de viña en Montlouis, 10 en Vouvray y 7 en Touraine. Tienen también 2 vinos en la DO Bullas, situada en Murcia.

Tipo de vino
Blanco con crianza sobre las madres.

Origen
El Loira, Francia (AOC Montlouis-sur-Loire).

Bodega
Domaine François Chidaine.

Uvas
100% de chenin blanco, procedentes de treinta parcelas de viñas biodinámicas plantadas sobre suelos arcillocalcáreos con fondos de *tuffeau* (toba calcárea típica de la zona).

Elaboración
La vendimia se hace en diversas pasadas, para recoger solo las uvas que están en el punto deseado de maduración. La fermentación alcohólica —que puede llegar a durar seis meses— la hacen las levaduras de la uva en tinas de madera de 600 litros. La crianza con las madres se mantiene durante unos diez meses.

Descripción
Es un vino biodinámico con gran fuerza aromática, graso, elegante, amplio en boca y persistente. En nariz destacan aromas ahumados, hierbas aromáticas y frutas blancas. Es uno de los vinos elaborados con chenin mejor puntuados del Loira e irá mejorando durante tres, cuatro o cinco años más.

Combina con...
Un surtido de alta charcutería.

Otros vinos de la bodega
Su catálogo incluye 13 vinos más de estas zonas del Loira.

Precio
26 euros.

www.francois-chidaine.com

Comte Lafond «Grande Cuvée» Rouge

Este es un vino tinto de una zona vinícola donde dominan los vinos blancos. Es, por lo tanto, un vino particular. Las primeras viñas de la bodega las compró el conde Lafond en el año 1787, aunque actualmente la bodega pertenece al barón Patrick de Ladoucette, propietario también de diversas bodegas instaladas en diferentes zonas vinícolas francesas.

Tipo de vino
Tinto con crianza en bota.

Origen
El Loira, Francia (AOC Sancerre).

Bodega
Maison Comte Lafond.

Uvas
100% de pinot noir, procedente de 35 hectáreas de viña de entre treinta y cuarenta años de edad, de la zona del Orme-aux-Loups, encaradas al sur y plantadas sobre suelos de arcilla y piedra.

Elaboración
Se vendimia manualmente y una vez prensada la uva se fermenta en depósitos de acero inoxidable a temperatura controlada. La crianza —suave para no castigar el vino— se hace un 50% en depósitos de inoxidable y el otro 50% en botas de roble, de las cuales un tercio son nuevas.

Descripción
Es un vino muy aromático, donde encontramos recuerdos de frutos rojos y negros, toques balsámicos y de especias y alguna nota de regaliz y vainilla. Tiene estructura, frescor, equilibrio y los taninos son dulces. Podemos guardarlo entre cinco y ocho años.

Combina con...
Pollo asado con ciruelas y piñones.

Otros vinos de la bodega
Comte Lafond Sancerre, Menetou Salon y Grande Cuvée Blanc.

Precio
36 euros.

www.deladoucette.fr

Condrieu Cuvée des Bassenon

La bodega tiene 1,2 hectáreas de viña en Condrieu repartidas entre siete municipios, en laderas escarpadas en la orilla derecha del Ródano. También tiene 4,8 hectáreas de viña acogidas a la cercana AOC Côte-Rôtie.

Tipo de vino
Blanco con crianza en barrica.

Origen
El Ródano, Francia (AOC Condrieu).

Bodega
Domaine Guy Bernard.

Uvas
100% de viognier, procedente de la parcela Bassenon, 1,2 hectáreas de viña plantada sobre suelos graníticos descompuestos, en el municipio de Condrieu.

Elaboración
La uva vendimiada se somete a una maceración pelicular en frío. Después las uvas se prensan enteras y el mosto que se produce se desfanga estáticamente y se fermenta en tinas de madera, donde permanece hasta que se inicia la fermentación maloláctica, momento en que el vino pasa a botas de roble donde sigue la crianza con un 10% de botas nuevas.

Descripción
El color es amarillo pálido y los aromas son una mezcla de tostados, flores y cítricos con notas dulces de membrillo y albaricoque. En boca es suave —a pesar del punto alcohólico que se percibe—, untuoso, corpulento, equilibrado y fresco. Vale la pena guardarlo entre tres y siete años antes de beberlo.

Combina con...
Un bistec tártaro clásico.

Otros vinos de la bodega
Les Méandres, Côteau de Bassenon y Côte Rôzier.

Precio
32 euros.

www.domaine-guy-bernard.com

Tardieu-Laurent Saint-Joseph «Vieilles Vignes»

La empresa se fundó en 1994 en la Provenza por M. Tardieu y D. Laurent y actualmente la dirige la familia Tardieu. No tienen viña propia y trabajan siempre con cepas viejas. Algunas botas se las hacen ellos mismos con duelas más gruesas de lo normal.

Tipo de vino
Tinto con crianza en bota.

Origen
El Ródano, Francia (AOC Saint-Joseph).

Bodega
Maison Tardieu-Laurent.

Uvas
Mezcla de serine, de viñas de sesenta años, y de syrah, de viñas de más de cien años, procedentes de cuatro parcelas plantadas sobre suelos graníticos en descomposición, cultivadas con prácticas respetuosas con el medio natural.

Elaboración
Se produce en las instalaciones del viticultor con un tercio de la uva sin desraspar. Acabada la fermentación el vino se lleva a la bodega, donde se hace una crianza de doce meses en botas de roble francés y seis meses más en tinas de madera. El vino no se clarifica ni se filtra.

Descripción
El vino es aromáticamente complejo y destacan frutos rojos y negros y toques ahumados. En boca es fresco, vivo, carnoso y con los taninos pulidos. Es un vino elegante y con personalidad que es necesario decantar y que podemos guardar entre cinco y diez años desde el momento de la cosecha.

Combina con...
Una parrillada de carne.

Otros vinos de la bodega
Tienen una veintena de vinos repartidos entre las AOC más importantes del valle del Ródano.

Precio
32 euros.

www.tardieu-laurent.fr

E. Guigal Crozes-Hermitage Rouge

La bodega es del 1946 y actualmente está instalada en el Château d'Ampuis, una casa fortificada del siglo XII transformada en castillo en el siglo XVI. Disponen de 60 hectáreas de viña y unas 5.000 botas de roble, que construyen ellos mismos a un ritmo de 18 botas cada semana y que van renovando regularmente.

Tipo de vino
Tinto con crianza en bota.

Origen
El Ródano, Francia (AOC Crozes-Hermitage).

Bodega
Domaine E. Guigal.

Uvas
100% de syrah, de cepas de treinta y cinco años de edad de promedio, plantadas en unas pendientes pronunciadas sobre suelos calcáreos de grava, limos y arcillas.

Elaboración
Se hace una vendimia y una vinificación tradicionales. La fermentación alcohólica se desarrolla en depósitos de acero inoxidable manteniendo el contacto con las pieles durante tres semanas. La crianza se hace en botas de roble durante aproximadamente veinticuatro meses.

Descripción
Tiene un atractivo color rubí y mucha diversidad de aromas (frutos rojos, especias, pan tostado, té negro, pequeños matices de fruta negra y sutiles recuerdos de la bota). En boca se nota corpulento y con los taninos pulidos.

Combina con...
Un entrecot de buey con salsa de queso comté.

Otros vinos de la bodega
En su catálogo hay 24 vinos más acogidos a las AOC Condrieu, Côte Rôtie, Hermitage, Saint-Joseph, Châteauneuf-du-Pape, Gigondas, Tavel y Côtes du Rhône, todas dentro del valle del Ródano.

Precio
15 euros.

www.guigal.com

Parallèle 45

La familia Jaboulet fundó la bodega en el año 1834 y en 2006 la compañía Frey se la compró. Desde el año 2016 toda la viña —con un promedio de cuarenta años de edad— está certificada como biodinámica.

Tipo de vino
Tinto con crianza parcial en tinas de roble.

Origen
El Ródano, Francia (AOC Côtes du Rhône).

Bodega
Domaine Paul Jaboulet Aîné.

Uvas
60% de garnacha y 40% de syrah, de viñas de más de cuarenta años plantadas sobre suelos arcillocalcáreos con mucha cantidad de cantos rodados.

Elaboración
Una vez cosechada y desraspada, la uva se mantiene unos días macerando en frío. La fermentación alcohólica se hace en depósitos de acero inoxidable y, después de hacer la fermentación maloláctica, un 20% del vino pasa a tinas de roble y el otro 80% a depósitos de acero inoxidable, donde permanece unos cuantos meses.

Descripción
Es un vino fresco, de taninos pulidos, goloso, fácil de beber, con aromas de lavanda, frutos rojos (frambuesas, cerezas) y ciruelas negras. Su nombre hace referencia a que el paralelo 45 pasa a 2 kilómetros de la bodega.

Combina con...
Un lechón al horno o a la brasa lenta.

Otros vinos de la bodega
Tienen vinos acogidos en las AOC del valle del Ródano: Hermitage, Crozes-Hermitage, Côte Rôtie, Condrieu, Cornas, Saint Joseph, Saint Péray, Châteauneuf-du-Pape, Gigondas, Vacqueyras y Tavel.

Precio
10 euros.

www.jaboulet.com

M. Chapoutier «La Bernardine»

La bodega se fundó en 1808 y trabajan la viña según los principios de la biodinámica y de la ecología. Es una de las bodegas más grandes de Francia, con vinos que corresponden a más de 25 AOC francesas y con bodegas en Portugal, los Estados Unidos y Australia. Todas sus etiquetas están también escritas en braille.

Tipo de vino
Tinto con crianza en depósitos de hormigón.

Origen
El Ródano, Francia (AOC Châteauneuf-du-Pape).

Bodega
M. Chapoutier.

Uvas
90% de garnacha tinta, 5% de monastrell y 5% de syrah, originarios de viñas de entre cuarenta y sesenta años, de poca producción y plantadas sobre terrenos con gran cantidad de cantos rodados procedentes del antiguo cauce del Ródano.

Elaboración
La fermentación alcohólica se hace en depósitos de hormigón a altas temperaturas para potenciar la extracción de los compuestos de las pieles. La crianza se hace también en depósitos de hormigón de doce a quince meses.

Descripción
Es un vino potente, estructurado, intenso, con taninos suaves y acidez moderada. Su color está entre el rubí y el púrpura y sus aromas recuerdan principalmente a las compotas de frutos negros y la regaliz. Se recomienda decantarlo un par de horas antes de servirlo. Puede guardarse hasta ocho o diez años desde el momento de la vendimia.

Combina con...
Un civet de ciervo con ciruelas.

Otros vinos de la bodega
39 vinos franceses de diferentes zonas vinícolas, categorías y añadas.

Precio
40 euros.

www.chapoutier.com

La Genestière Cuvée Raphaël

La bodega se fundó en 1935 y actualmente tiene 200 hectáreas de viña repartidas entre las AOC Tavel, Lirac y Châteauneuf-du-Pape.

Tipo de vino
Rosado criado sobre madres.

Origen
El Ródano, Francia (AOC Tavel).

Bodega
Château la Genestière.

Uvas
50% de syrah y 50% de garnacha tinta, surgidos de cepas plantadas sobre suelos arcillocalcáreos con abundancia de cantos rodados. En algunas añadas las proporciones pueden variar considerablemente.

Elaboración
Una vez se ha vendimiado la uva se desraspa y se le hace una maceración pelicular a baja temperatura de doce a veinticuatro horas. Posteriormente se prensa con mucho cuidado y se aprovecha solo el primer mosto. La fermentación se hace en depósitos de acero inoxidable, y una vez acabada se trasiega el vino y se deja en reposo con sus madres durante cuatro meses.

Descripción
El color es granate con reflejos violáceos. Aromáticamente es intenso y elegante, con recuerdos de especias, frutos rojos, pomelo e incienso. Es un vino ligero, de paso de boca ágil, fácil de beber y fresco pero no ácido. Las notas de frutos rojos nos acompañan durante toda la degustación.

Combina con...
Un filete de cerdo a la sal con salsa de champiñones y crema de leche.

Otros vinos de la bodega
Elaboran 8 vinos más acogidos a diferentes AOC e IGP.

Precio
11 euros.

www.chateau-genestiere.com

Emidio Pepe Montepulciano d'Abruzzo

La bodega la fundó Emidio Pepe en 1964, aunque su padre ya elaboraba vino desde el año 1899. Actualmente la dirigen sus hijos y alguno de sus nietos, con el lema «In vino vita» ('En el vino está la vida'). Es una bodega totalmente integrada en el territorio, que solo trabaja con variedades de uvas tradicionales.

Tipo de vino
Tinto con crianza en hormigón.

Origen
Los Abruzos, Italia (Montepulciano d'Abruzzo DOCG).

Bodega
Emidio Pepe.

Uvas
100% de montepulciano, de cepas viejas de 5 hectáreas de viñas biodinámicas plantadas sobre suelos arcillosos y situadas en un entorno natural alejado de la contaminación.

Elaboración
La vendimia se hace manualmente y la fermentación transcurre en depósitos de hormigón —vitrificado por la parte interior— de 2.200 y 3.000 litros de capacidad, con las levaduras salvajes de la misma uva. La crianza posterior se hace en tanques de hormigón durante dos años. Se producen unas 40.000 botellas anuales.

Descripción
Se trata de un vino potente de color rojo rubí intenso, con aromas de frutos rojos maduros, un toque de especias y flores secas y algún recuerdo herbáceo. Es corpulento, con unos taninos vigorosos pero no agresivos, denso, armónico y persistente. Un vino para guardar de cinco a ocho años.

Combina con...
Un estofado de ciervo.

Otros vinos de la bodega
Cerasuolo d'Abruzzo, Trebbiano d'Abruzzo y Pecorino.

Precio
43 euros.

www.emidiopepe.com

Carato Venusio Aglianico del Vulture

Hay quien dice que el aglianico del Vulture es el barolo del sur, porque le encuentran cualidades parecidas a las del famoso vino piamontés. La viticultura en esta zona se remonta a la Roma clásica, pero la bodega es del 1957, año en que se constituyó como cooperativa. Actualmente la bodega Cantina di Venosa tiene más de 400 socios y unas 800 hectáreas de viña.

Tipo de vino
Tinto con crianza en bota.

Origen
La Basilicata, Italia (DOC Aglianico del Vulture).

Bodega
Cantina di Venosa.

Uvas
100% de aglianico, cultivado en la zona del Vulture, procedente de viñas de entre cincuenta y cincuenta y cinco años de edad, plantadas sobre suelos volcánicos a 450-500 metros de altitud, en la provincia de Potenza. Es una de las variedades más prestigiosas de Italia.

Elaboración
La vendimia se hace manualmente a primera hora de la mañana. La fermentación alcohólica y la maloláctica tiene lugar en depósitos de acero inoxidable, y la crianza posterior dura de dieciocho a veinticuatro meses en botas de roble francés. Una vez embotellado, se deja doce meses más en la bodega.

Descripción
Es un vino estructurado, de color rubí con reflejos granates, taninos agradables y recuerdos de frutos rojos y negros. La acidez es fresca y persistente y la fruta se mantiene durante todo el paso de boca. Conviene decantarlo un buen rato antes de consumirlo.

Combina con...
Un estofado de conejo de bosque.

Otros vinos de la bodega
Elaboran 12 vinos más y 3 destilados.

Precio
18 euros.

www.cantinadivenosa.it

«Radici» Taurasi Riserva

La bodega es del año 1878 y también producen un vino llamado Villa dei Misteri, como el elaborado en la antigua Pompeya —población sepultada por una erupción volcánica—, con uvas recuperadas de las excavaciones arqueológicas y métodos de trabajo de la Roma imperial.

Tipo de vino
Tinto con crianza en bota.

Origen
La Campania, Italia (Taurasi DOCG).

Bodega
Mastroberardino.

Uvas
100% de aglianico, procedente de viñas de veinte años, orientadas al sudeste y plantadas sobre suelos arcillocalcáreos a 550 metros de altitud. La producción promedio de las viñas es de unos 4.500 kilogramos por hectárea.

Elaboración
Vinificación clásica de vinos tintos en depósitos de acero inoxidable. La crianza se hace en botas de roble francés y en tinas de roble esloveno de veinticuatro a treinta meses, seguida de una permanencia en botella de veinticuatro a treinta y seis meses más.

Descripción
Tiene un color rubí intenso, mucha estructura en boca y aromas de fruta negra, violetas, pimienta, cacao, aceitunas negras, tinta y cuero. En conjunto es equilibrado, elegante y potente, con taninos intensos pero pulidos. Conviene decantarlo un par de horas antes de beberlo y esperar dos años antes de abrir la botella. Se puede guardar de siete a nueve años.

Combina con...
Lomo de ciervo con salsa de arándanos.

Otros vinos de la bodega
En total tienen 27 vinos amparados por diferentes DOCG e IGT de la Campania, 3 vinos de pasas, grappa y aceite.

Precio
30 euros.

www.mastroberardino.com

Cleto Chiarli «Vigneto Cialdini» Lambrusco

En el año 1860, Cleto Chiarli se establece en Módena para elaborar lambrusco, en 1925 su hijo edifica una gran bodega y en 1959 empiezan a trabajar según el método granvás de elaboración de espumosos. Tienen 100 hectáreas de viña propia repartidas en tres explotaciones vinícolas diferentes.

Tipo de vino
Tinto espumoso.

Origen
La Emilia-Romaña, Italia (DOC Lambrusco Grasparossa di Castelvetro).

Bodega
Cleto Chiarli.

Uvas
100% de lambrusco grasparossa, uva tinta procedente de 12 hectáreas de viñas plantadas sobre limos y gravas de origen aluvial, de la parcela Enrico Cialdini, situada en la parte histórica de Castelvetro.

Elaboración
La cosecha se hace manualmente, y una vez vendimiada la uva se deja haciendo una maceración durante unas treinta y seis horas. Después se obtiene un vino tinto convencional, que posteriormente se hace refermentar en grandes depósitos de acero inoxidable siguiendo el método Martinotti, que normalmente se conoce como método granvás o Charmat.

Descripción
El color es rojo rubí, los aromas recuerdan cerezas, ciruelas, bosque húmedo, frambuesas y moras. Es un vino un poco secante por la presencia de los taninos de la uva tinta, aromático y fácil de beber. No conviene guardarlo más de unos pocos meses.

Combina con...
Un surtido de embutidos y patés.

Otros vinos de la bodega
Producen vinos de diferentes DOC de la región y también vinagre de Módena.

Precio
14 euros.

www.chiarli.it

Livio Felluga «Ribolla Gialla»

La bodega la fundó Livio Felluga en el Friul después de la segunda guerra mundial, aunque desde cinco generaciones antes ya elaboraban vino en la isla de Isquia. Tienen 155 hectáreas de viña esparcidas por el Friul y elaboran unas 800.000 botellas anuales. Sus famosas etiquetas representan mapas cartográficos de las zonas de donde se originan los vinos y hace poco han cumplido cincuenta años.

Tipo de vino
Blanco sobre crianza con las madres.

Origen
El Friul, Italia (DOC Friuli Colli Orientali).

Bodega
Livio Felluga.

Uvas
100% de ribolla gialla (una mutación del pinot noir), procedente de cepas plantadas sobre suelos rocosos y areniscos con piedra calcárea en profundidad y cultivadas según la agricultura integrada.

Elaboración
La uva se cosecha a mano, se desraspa y se le hace una maceración pelicular durante unas horas. Después se hace un prensado suave y se fermenta el mosto en depósitos de acero inoxidable. Una vez terminado, el vino se mantiene con las madres durante seis meses.

Descripción
Vino de color amarillo paja con reflejos verdosos. Tiene recuerdos de azahar, fruta tropical, pomelo, membrillo fresco y hierbas aromáticas. El paso de boca es fluido, un poco ácido y con un final sutilmente amargo.

Combina con...
Unos canelones de carne con bechamel.

Otros vinos de la bodega
12 vinos blancos y 5 vinos tintos, la mayoría monovarietales.

Precio
16 euros.

www.liviofelluga.it

Franciacorta Ca'del Bosco Vintage Collection

El origen de la bodega se encuentra en la compra que hizo la madre del actual propietario de la finca Ca'del Bosco, hacia el año 1960. De todas formas, hasta el 1978 no salió la primera producción de esta bodega, de la cosecha del 1976. En total tienen 185 hectáreas de viña.

Tipo de vino
Blanco espumoso de cosecha.

Origen
La Lombardía, Italia (DOCG Franciacorta).

Bodega
Ca'del Bosco.

Uvas
55% de chardonnay, 30% de pinot noir y 15% de pinot blanc, procedente de viñas de veintisiete años de edad de promedio, con una densidad de plantación de 10.000 cepas por hectárea.

Elaboración
Una vez vendimiadas, las uvas se enfrían y se lavan tres veces. Después se prensan muy suavemente (con un rendimiento de solo un 43%) en un ambiente libre de oxígeno. La fermentación se hace en pequeñas botas y depósitos de acero inoxidable. Posteriormente se prepara el vino base y se deja cinco meses en bota, después de los cuales se hace el triaje y se dejan las botellas en rima durante un mínimo de cuarenta y ocho meses.

Descripción
Es el vino de la bodega que mejor expresa el territorio. La burbuja es fina y los aromas, de fruta tropical, cítricos y tostados. Es un vino espumoso elegante, fresco y seco, que solo se elabora en las mejores añadas.

Combina con...
Unas cigalas flambeadas a la plancha.

Otros vinos de la bodega
Además de 8 Franciacorta, elaboran también otros 5 vinos espumosos, 12 vinos blancos y 3 vinos tintos.

Precio
48 euros.

www.cadelbosco.com

Monacesca Verdicchio di Matelica

Según algunos registros notariales, la uva verdicchio ya se utilizaba por estos lares en el año 1579. Monacesca se fundó en 1966 en el municipio de Matelica, cuando Casimiro Cifola compró viñedos y construyó la bodega. Su nombre hace referencia a la ermita donde los monjes benedictinos se instalaron hacia el año 900.

Tipo de vino
Blanco con crianza sobre madres.

Origen
Las Marcas, Italia (Verdicchio di Matelica DOC).

Bodega
Monacesca.

Uvas
100% de verdicchio, procedente de 17 hectáreas de viñas de entre diez y treinta años de edad, plantadas sobre suelos arcillocalcáreos situados en el valle del Esino, a 400 metros sobre el nivel del mar.

Elaboración
Una vez cosechada la uva se prensa suavemente sin adición de sulfuros. La fermentación alcohólica se hace en depósitos de acero inoxidable, y el vino se mantiene en contacto con las madres hasta la primavera siguiente, momento en que, espontáneamente, hace la maloláctica. El vino sale al mercado al año de la cosecha, después de permanecer seis meses reposando en la botella.

Descripción
Aromáticamente es un vino complejo donde se mezclan los aromas anisados del hinojo con la fruta, los cítricos y las notas minerales. Es un vino con estructura, acidez bien integrada y paso de boca untuoso y sutilmente amargo. Para guardarlo cuatro o cinco años.

Combina con...
Pollo con cigalas.

Otros vinos de la bodega
En total tienen 6 vinos dentro de la región de Umbría.

Precio
14 euros.

www.monacesca.it

Cavallotto Barolo «Bricco Boschis»

Cavallotto se fundó en 1928, pero hasta 1948 no se produjo la primera botella de Cavallotto Barolo. Tienen 25 hectáreas de viña en diferentes parcelas, que forman un conjunto alrededor de la bodega.

Tipo de vino
Tinto con crianza en bota.

Origen
El Piamonte, Italia (DOCG Barolo).

Bodega
Tenuta Vinicola Cavallotto.

Uvas
100% de nebbiolo, de 17 hectáreas de viña de cuarenta años en el monte Bricco Boschis, con suelos calcoareniscos conducidos según la agricultura ecológica, con cubierta vegetal entre las hileras de vides. Es uno de los lugares más prestigiosos para hacer vinos de Barolo.

Elaboración
Una vez cosechada y desraspada, se deja que la uva empiece espontáneamente la fermentación alcohólica en depósitos de acero inoxidable. Acabada la fermentación, el vino pasa a depósitos de cemento, donde hace la maloláctica, y después a botas de roble esloveno de entre 2.000 y 10.000 litros de capacidad, donde permanece cuatro o cinco años. Después de embotellarlo, reposa doce meses más en la bodega.

Descripción
Este vino se puede guardar veinte o veinticinco años y es necesario esperar a que hayan trascurrido unos ocho o diez años desde la cosecha antes de abrir la botella. Decantarlo de tres a cinco horas antes de consumirlo es casi obligado. Elegante, potente y complejo. Es un gran vino.

Combina con...
Un *salmís* de pato de caza.

Otros vinos de la bodega
Son 12 vinos acogidos a 8 DOC y DOCG, todos surgidos de Bricco Boschis.

Precio
52 euros.

www.cavallotto.com

Roberto Voerzio «Barbera d'Alba» Cerretto

La bodega nació en el año 1986 en La Morra, un municipio en el corazón de la región del Langhe, con 2 hectáreas de viñedos. Actualmente tienen 20, entre La Morra y Barolo. Trabajan con las variedades nebbiolo, barbera, dolcetto y merlot.

Tipo de vino
Tinto con crianza en bota.

Origen
El Piamonte, Italia (DOC Barbera d'Alba).

Bodega
Roberto Voerzio.

Uvas
100% de barbera, de viñas ubicadas en el municipio de La Morra, con 8.000 cepas por hectárea plantadas sobre suelos calcáreos, con margas y arenas, y un promedio de producción de solo 750 gramos de uva por cepa.

Elaboración
Las uvas se hacen fermentar con las levaduras indígenas en depósitos de acero inoxidable, donde también hacen la fermentación maloláctica. Después el vino pasa a botas y a tinas de roble, donde permanece entre doce y quince meses. Finalmente el vino se embotella sin filtrar.

Descripción
En nariz destacan las cerezas y las frambuesas bañadas en chocolate, acompañadas de toques lácticos, balsámicos y de especias. La acidez es moderada, los taninos pulidos y el conjunto fresco, persistente y estructurado. Se recomienda esperar cinco o seis años desde la cosecha para abrir la botella, que también se puede guardar quince o veinte años. Vale el precio que cuesta.

Combina con...
Un chuletón de buey con salsa de colmenillas.

Otros vinos de la bodega
Tienen más de 12 referencias de diferentes DOC y DOCG dentro del Langhe, algunas solo en formato mágnum.

Precio
32 euros.

www.robertovoerzio.com

Ceretto
Moscato d'Asti

Ricardo Ceretto fundó esta bodega familiar en 1930 y actualmente ya son cuatro las bodegas que tienen en la región del Langhe, dentro del Piamonte. Poseen 250 hectáreas de viña, toda ecológica, 20 hectáreas de las cuales son biodinámicas.

Tipo de vino
Blanco dulce chispeante.

Origen
El Piamonte, Italia (DOCG Moscato d'Asti).

Bodega
Ceretto.

Uvas
100% de moscatel blanco, procedente de 4 hectáreas de viña ubicadas en Santo Estefano Belbo y Calosso.

Elaboración
La uva se cosecha a mano y, una vez en la bodega, se fermenta en depósitos de acero inoxidable. Durante el proceso de vinificación, el vino se trasiega solo lo indispensable. Antes de embotellarlo se le hace una filtración muy suave para no perder las sutilezas de los aromas varietales.

Descripción
Dentro de una inconfundible botella alargada encontramos un vino dulce y fresco a la vez, muy aromático, con solo 5 grados de alcohol y que nos recuerda a la uva moscatel de la cual proviene. El paso de boca es sumamente fácil y agradable, meloso y perfumado. Es necesario beberlo frío y con medida, porque es tan seductor que podemos perder fácilmente el sentido de la moderación.

Combina con...
Cualquier tipo de postres dulces.

Otros vinos de la bodega
En total tienen 17 vinos, acogidos a una decena de DOC y DOCG del Piamonte.

Precio
16 euros.

www.ceretto.it

Arakena

La bodega la fundaron 22 pequeños productores de vino en el año 1956, y el número de socios ha ido aumentando hasta llegar a los 350 que tiene actualmente. En total gestionan 500 hectáreas de viña y son uno de los principales productores de vino de Cerdeña. El logotipo del vino representa la puerta de entrada a la bodega, construida con granito y de inspiración aragonesa.

Tipo de vino
Blanco con crianza en bota.

Origen
Cerdeña, Italia (Vermentino di Gallura DOCG).

Bodega
Cantina Sociale del Vermentino di Monti.

Uvas
100% de vermentino, cosechadas muy maduras, procedentes de las mejores viñas de Gallura, situadas a una altitud de entre 300 y 450 metros y plantadas sobre suelos graníticos descompuestos.

Elaboración
La uva se desraspa, se le hace una maceración pelicular en frío y, una vez prensada, se fermenta con levaduras seleccionadas en tinas de madera de 500 y de 2.500 litros. Más tarde, el vino hace una crianza en botas y tinas de madera de roble durante un tiempo indeterminado.

Descripción
El Arakena tiene un color dorado brillante. Los aromas recuerdan al melocotón, al albaricoque, al regaliz, al romero, al tomillo y a otras hierbas aromáticas. Es un vino con cuerpo, de discreta acidez, untuoso, persistente y con mucha personalidad. Se puede guardar cuatro o cinco años.

Combina con...
Un *risotto* de setas.

Otros vinos de la bodega
Tienen 6 vinos tintos, 6 blancos, 1 rosado, 3 espumosos, 2 grappas y 1 licor de arándanos.

Precio
21 euros.

www.vermentinomonti.it

Vecchio Florio Marsala Secco Superiore

La bodega la fundó Vicenzo Florio en 1833, y después de la segunda guerra mundial las instalaciones quedaron en tan mal estado que hasta 1990 no se pudo reconstruir la bodega del todo. Actualmente pertenece al Gruppo Duca di Salaparuta. Es una de las bodegas más vinculadas al territorio y sus vinos siguen el modelo clásico de los marsala. Tienen 5 millones de litros de vino de Marsala envejeciendo en sus cavas.

Tipo de vino
Blanco generoso semidulce.

Origen
Sicilia, Italia (DOC Marsala).

Bodega
Cantine Florio.

Uvas
Mezcla de grillo y cataratto, de viñas plantadas sobre terrenos de arena roja y de poca fertilidad.

Elaboración
La uva se cosecha sobremadurada, se prensa y una vez acabada la fermentación se le añade mosto concentrado y destilado de vino. Posteriormente se hace una crianza de tres años en botas y tinas de roble esloveno, seguida de un reposo de tres meses en botella.

Descripción
Aunque sea *secco*, el vino tiene unos 40 gramos de azúcar por litro. En boca es dulce, un poco alcohólico, denso, meloso y persistente. Muestra aromas de pasas en aguardiente, almendras amargas, vainilla, membrillos y orejones de albaricoque. Se puede guardar unos veinte años.

Combina con...
Una clásica tarta sara.

Otros vinos de la bodega
Tienen 10 vinos acogidos a la DOC Marsala, 2 vinos de pasas, 1 espumoso y 7 vinos licorosos más.

Precio
12 euros.

www.cantineflorio.it

Grillo Parlante

Fondo Antico pertenece a la misma familia desde hace unas cuantas generaciones. Poseen 80 hectáreas de viña plantadas con las variedades grillo, syrah y nero de Avola. Trabajan con energías limpias buscando las mínimas emisiones de CO_2. El lema de la bodega es «Tradición, esperanza y calidad».

Tipo de vino
Blanco con crianza sobre las madres.

Origen
Sicilia, Italia (DOC Sicilia).

Bodega
Fondo Antico.

Uvas
100% de grillo, variedad tradicional siciliana, de viñas plantadas en la provincia de Trapani y conducidas con el sistema de poda guyot, poco habitual en España.

Elaboración
Una vez vendimiada la uva a mano se enfría, se deja unas horas para favorecer la extracción y, después de un prensado suave, se hace fermentar en depósitos de acero inoxidable a temperatura controlada. La crianza sobre las madres finas se hace durante cuatro meses en el mismo tipo de depósitos donde ha fermentado.

Descripción
El color es amarillo pálido con reflejos verdosos. El vino es fresco, de cuerpo mediano, sabroso, armónico y con una medida acidez. El perfil aromático responde al de la variedad, y destacan aromas de flores y frutas blancas. De este vino se producen unas 180.000 botellas cada año.

Combina con...
Pescados a la sal.

Otros vinos de la bodega
La gama de vinos consiste en 5 blancos, 3 rosados, 4 tintos y 1 dulce.

Precio
12 euros.

www.fondoantico.it

Villa Antinori Chianti Classico Riserva

La familia Antinori empezó en el negocio del vino en 1385, pero la bodega actual —perfectamente camuflada entre las colinas que la rodean— no se fundó hasta el 25 de octubre del 2012, después de siete años de estudios ambientales y arquitectónicos.

Tipo de vino
Tinto con crianza en bota.

Origen
La Toscana, Italia (Chianti Classico DOCG).

Bodega
Marchesi Antinori.

Uvas
90% de sangiovese (la variedad emblemática de la Toscana) y 10% de cabernet sauvignon.

Elaboración
Una vez cosechada, la uva se desraspa y se hace fermentar en depósitos de acero inoxidable. Después el sangiovese hace la fermentación maloláctica en los mismos depósitos, mientras que el cabernet sauvignon la hace en botas usadas. Después de la igualación de las variedades, el vino se lleva a las tinas y a las botas de roble francés y húngaro, donde permanece de doce a catorce meses.

Descripción
El color es rojo rubí intenso. La gama de aromas se basa en los frutos rojos (frambuesas, grosellas y cerezas), con notas de especias, tabaco, hierbas secas y torrefactos. Los taninos son amables y suaves y el conjunto del vino es carnoso y equilibrado. Se trata de un vino donde la madera está bien integrada y la acidez es medida y fresca. Se puede guardar diez años.

Combina con...
Una lasaña de carne.

Otros vinos de la bodega
Pèppoli y Vin Santo, dentro de la DOCG Chianti Classico.

Precio
30 euros.

www.antinorichianticlassico.it

«La Poderina» Brunello di Montalcino

La bodega se encuentra ubicada en Montalcino y pertenece al grupo asegurador Unipol, de Bolonia. Tienen 300 hectáreas de viña repartidas entre la Toscana y Umbría, en la parte central de Italia.

Tipo de vino
Tinto con crianza en bota.

Origen
La Toscana, Italia (DOCG Brunello di Montalcino).

Bodega
Tenute del Cerro.

Uvas
100% de sangiovese grosso (antiguamente se llamaba brunello), procedente de 40 hectáreas de viñas ubicadas en la zona de Castelnuovo dell'Abate, en el municipio de Montalcino. La producción de las viñas está muy por debajo del máximo permitido en esta DOCG.

Elaboración
La vendimia se hace a mano y la fermentación alcohólica se desarrolla en depósitos de acero inoxidable. La crianza se alarga unos veinticuatro meses en botas estándar de roble francés y en grandes botas de roble esloveno. Durante la crianza se hace la fermentación maloláctica y, terminada la crianza, el vino permanece unos meses más en depósitos de acero inoxidable.

Descripción
Es un vino estructurado de color intenso y taninos discretos. Destacan aromas de frutos negros, sotobosque, violetas, ahumados y hoja de tabaco. Es un vino equilibrado y persistente que se puede guardar hasta diez años. Conviene decantarlo un par de horas antes de beberlo.

Combina con...
Una pularda asada.

Otros vinos de la bodega
En Montalcino tienen 5 vinos con la marca La Poderina y 2 más con la marca Etrusca.

Precio
43 euros.

www.tenutedelcerro.it

Mezzacorona Teroldego Rotaliano «Riserva»

Fundada en 1904, la bodega trabaja solo con uva de sus viñedos. Es una de los promotores del Protocolo Integrado de Protección de la Provincia Autónoma de Trento, que promueve un cultivo de la viña respetuoso y sostenible.

Tipo de vino
Tinto con crianza en bota.

Origen
El Trentino, Italia (Teroldego Rotaliano DOC).

Bodega
Mezzacorona Società Cooperativa Agricola.

Uvas
100% de teroldego, de la Piana Rotaliana, de viñas situadas en la cara sur de los Alpes italianos, en valles y colinas del Trentino entre cimas de hasta 3.500 metros de altitud.

Elaboración
Tanto la vendimia con la selección de las uvas se hace manualmente en la viña. Una vez desraspada la uva, se hace la fermentación alcohólica, con remontados frecuentes. La crianza tiene una duración mínima de dos años, de los cuales doce meses los pasa en botas de roble francés y el resto dentro de la botella.

Descripción
Se conoce este vino como *el príncipe del Trentino*. El vino es elegante, austero, corpulento, equilibrado y con unos taninos firmes pero pulidos. Los aromas son, sobre todo, de bayas del bosque maduras y ciruelas, con toques de vainilla, pimienta y nuez moscada. Es un gran vino a un buen precio, que podemos guardar de ocho a diez años.

Combina con...
Un chuletón de buey a la brasa.

Otros vinos de la bodega
Producen 13 vinos Classico, 25 Castel Firmian, 2 Riserva, 2 espumosos, Nos y 1 de joven.

Precio
13 euros.

www.mezzacorona.it

Ferrari Brut

La bodega la fundó Giulio Ferrari en 1902, después de estudiar enología en Francia para poder elaborar una especie de *champagne* italiano. Fue la primera que llevó el chardonnay a Italia. Como no tenía descendencia, en 1952 el propietario dejó como sucesor a su cliente y amigo Bruno Linelli, la tercera generación del cual gestiona la bodega actualmente, siguiendo la filosofía de su fundador. Tienen 120 hectáreas de viña, pero tienen que comprar más uva a viticultores de confianza. Producen 5 millones de botellas de espumoso al año.

Tipo de vino
Blanco espumoso sin añada.

Origen
El Trentino Alto Adige, Italia (DOC Trento).

Bodega
Cantine Ferrari.

Uvas
100% de chardonnay, de viñas de montaña orientadas hacia el sudeste y el sudoeste, en pendientes de la parte italiana de los Alpes.

Elaboración
Método tradicional de segunda fermentación en botella (como el cava, el *champagne* o el *franciacorta*), con rima de veinticuatro a treinta y seis meses. Las botellas no indican la añada.

Descripción
Es un espumoso fresco, elegante y armónico, que desprende aromas de pan tostado, pan a medio fermentar, crema pastelera, avellanas, manzana madura y pera, con un toque cítrico. La burbuja es fina y persistente y el regusto sutil, agradable y persistente. Es comparable a algunos *champagnes* y se puede guardar un par o tres de años.

Combina con...
Un *risotto* de setas.

Otros vinos de la bodega
Tienen 5 líneas de producto, que representan 15 vinos espumosos.

Precio
29 euros.

www.ferraritrento.it

Arnaldo Caprai Montefalco Sagrantino 25 Anni

Arnaldo Caprai es una de las principales bodegas de esta DOCG y se creó en 1971, aunque en 1997 se renovó totalmente. Desde hace unos cuantos años la bodega trabaja para optimizar los recursos energéticos y la eficiencia ambiental de la empresa. Así mismo, están disminuyendo paulatinamente los productos químicos que se aplican en la viña.

Tipo de vino
Tinto con crianza en bota.

Origen
Umbría, Italia (Montefalco Sagrantino DOCG).

Bodega
Arnaldo Caprai Società Agricola.

Uvas
100% de sagrantino, variedad un poco tardía y de poco vigor, de viñas del municipio de Montefalco, conducidas en cordón y con producciones máximas de 5.000 litros por hectárea.

Elaboración
La vendimia se hace manualmente y la vinificación sigue el modelo habitual. La crianza se hace durante veinticuatro meses en botas de roble francés y ocho meses más en botella.

Descripción
El vino es fresco, con volumen, armónico y complejo. Destacan recuerdos aromáticos de frutos rojos del bosque, cerezas y moras. También encontramos toques de especias (clavo, nuez moscada, vainilla y canela), de resina de pino, ciruelas y tostados. Los taninos están marcados pero pulidos, y globalmente el vino es estructurado, potente y persistente.

Combina con...
Cordero a la brasa.

Otros vinos de la bodega
En total elaboran 19 vinos dentro de la región de Umbría, además de aceite y grappa.

Precio
65 euros.

www.arnaldocaprai.it

Foss Marai Prosecco «Guia»

La empresa la fundó Carlo Biasiotto —que sigue dirigiendo la bodega con su familia— en el año 1986, en la población de Guia, en el corazón de la DOCG. Tienen y gestionan 60 hectáreas de viña, de las cuales 5 están dentro de la DOCG. Dan mucha importancia a la imagen de las etiquetas y a los estuches.

Tipo de vino
Blanco espumoso brut.

Origen
El Véneto, Italia (DOCG Prosecco Conegliano - Valdobbiadene)

Bodega
Foss Marai.

Uvas
100% de glera (hasta hace pocos años se conocía como prosecco), uva procedente de viñas históricas de las pendientes de las colinas de la zona de Valdobbiadene, con una belleza espectacular.

Elaboración
Es un espumoso elaborado según el método granvás, también conocido como Charmat, que consiste en volver a fermentar un vino en grandes depósitos cerrados para obtener un espumoso. Este vino pasa una crianza de ocho meses con las madres dentro de los depósitos y se hace con uvas de una sola añada.

Descripción
Un espumoso de burbuja pequeña, equilibrado y fresco y con un discreto toque de dulzor. Al beberlo se muestra amable, con recuerdos florales y aromas de frutas blancas, anís y cítricos. Aunque se puede beber al comprarlo, se puede guardar perfectamente un par de años. Es el vino más emblemático de esta bodega.

Combina con...
Una zarzuela de pescado y marisco.

Otros vinos de la bodega
En total hacen 16 vinos, 10 de los cuales son espumosos.

Precio
16 euros.

www.fossmarai.com

Massimago Valpolicella

La bodega pertenece a la familia Cracco desde el año 1883, y desde 2014 está certificada como ecológica. No compran uva a otros viticultores y solo tienen variedades tradicionales del Véneto.

Tipo de vino
Tinto con crianza en depósitos de acero inoxidable.

Origen
El Véneto, Italia (DOC Valpolicella).

Bodega
Cantina Massimago.

Uvas
60% de corvina, 30% de corvinone y 10% de rondinella, de viñas ecológicas plantadas sobre suelos calcáreos y arcillosos del valle de Mezzane. Son 28 hectáreas de viña con olivos y bosque.

Elaboración
Una vez vendimiada manualmente, la uva se desraspa y se deja secar unos treinta días. Posteriormente se prensa y el mosto se fermenta en depósitos de acero inoxidable de doce a quince días, con remontados frecuentes. La crianza se hace en los mismos depósitos durante seis meses.

Descripción
El vino tiene un intenso color rojo rubí y tiene una gran fuerza aromática, sobre todo de frutos rojos y hierbas de montaña. Es un vino ligero, fresco, fácil de beber y muy gastronómico. Como tiene amplitud de boca pero poco volumen no satura la boca ni distorsiona los platos.

Combina con...
Un ragú de carne o unos espaguetis a la boloñesa.

Otros vinos de la bodega
Amarone, Garganega, Ripasso, Valpolicella Superiore, Veronese y Magó (espumoso), acogidos a diferentes DOC e IGP.

Precio
15 euros.

www.massimago.com

Esporão Reserva Branco

Tienen 700 hectáreas de viña, olivos y manzanos entre Alentejo y Duero, con cuarenta variedades de uva y cuatro variedades de aceitunas. La bodega fue fundada en la Edad Media y pasó por muchas manos, hasta que en 1973 la compró la familia propietaria actual.

Tipo de vino
Blanco con crianza en bota.

Origen
El Alentejo, Portugal (Reguengos de Monsaraz DOC).

Bodega
Esporão.

Uvas
30% de antão vaz, 30% de arinto, 30% de roupeiro y 10% de sémillon, procedentes de viñas de dieciocho años plantadas sobre suelos graníticos y de pizarra, de textura franco-arcillosa, de la finca Heredade do Esporão.

Elaboración
La vendimia se hace a mano a primera hora de la mañana, y una vez cosechada se desraspa y se refrigera para hacer una maceración pelicular de seis horas. Después se prensa y se hace fermentar en depósitos de acero inoxidable y en botas nuevas de roble. La crianza se hace parcialmente sobre las madres en los depósitos de acero y parcialmente en botas, durante seis meses.

Descripción
Es un vino afrutado, suave y fresco, con aromas de albaricoque, limón, mandarina y especias. En boca es untuoso, estructurado, elegante y largo. Podemos guardarlo dos o tres años y no le sentará mal una ligera decantación.

Combina con...
Un estofado de atún.

Otros vinos de la bodega
Hacen 18 vinos más a parte de este Reserva Branco.

Precio
13 euros.

www.esporao.com

Luis Pato
«Vinhas Velhas»

Aunque su familia elaboraba vino desde el siglo XVII, Luis Pato empezó a embotellarlo en 1970 y se convirtió en el primer embotellador de la DOC Bairrada, de la cual se salió en 1999. En 1988 plantó cepas de la variedad baga de pie franco (sin injertar) para intentar reencontrar los vinos prefiloxéricos de Bairrada. Sus 60 hectáreas de viña están plantadas solo con variedades tradicionales portuguesas.

Tipo de vino
Tinto con crianza en bota.

Origen
Bairrada, Portugal (Vinho Regional Beiras).

Bodega
Adega Luis Pato.

Uvas
100% de baga, variedad de uva tradicional de Bairrada, de la Vinha Barrosa, de cuarenta años de edad de promedio y plantada sobre suelos arcillocalcáreos.

Elaboración
La vendimia se hace a mano y el vino se fermenta en depósitos de acero inoxidable siguiendo el procedimiento habitual de elaboración de vinos tintos. La crianza se hace en botas nuevas y usadas de 650 litros de roble francés de Allier durante doce meses.

Descripción
Este es un vino carnoso, de taninos intensos pero pulidos, que se empezó a elaborar en 1995 y en el cual destacan aromas de fruta del bosque madura, pimienta negra, caja de puros y toques de granada. La acidez es fresca y bien integrada y hace falta airearlo un par de horas. Para guardarlo diez o doce años.

Combina con...
Un estofado de liebre.

Otros vinos de la bodega
Hacen 16 vinos tintos, 3 blancos, 7 espumosos, 3 dulces y 1 vino tinto de uvas blancas.

Precio
19 euros.

www.luispato.com

Rótulo Branco

La bodega es una empresa familiar creada en 1842 y actualmente la dirige la quinta generación. Después de estar muchos años consolidado en el Duero, Dirk van der Niepoort ha abierto bodegas en Dão y en Bairrada, después de haber trabajado en bodegas de medio mundo.

Tipo de vino
Blanco con crianza sobre las madres.

Origen
Dão, Portugal (DOC Dão).

Bodega
Niepoort.

Uvas
50% de encruzado, más las variedades borrado das moscas, rabo de ovelha, cercial y unas cuantas más de tradicionales y muy minoritarias. Las viñas tienen entre cuarenta y sesenta años de edad, son de poca producción y están plantadas sobre suelos graníticos a unos 450 metros sobre el nivel del mar.

Elaboración
La vendimia es manual con selección de la uva en el momento de la cosecha y el transporte hasta la bodega se hace con mucho cuidado. La fermentación alcohólica tiene lugar en depósitos de acero inoxidable, y tanto la fermentación maloláctica como la crianza —de doce meses— se hace en tinas de cemento en presencia de las madres.

Descripción
Aromáticamente es delicado, con recuerdos de frutos blancos y alguna nota vegetal. La acidez está integrada y aporta frescura al conjunto. Tiene un buen paso de boca y un final fresco, suave y agradable. Un vino sin complicaciones para gustar a todos.

Combina con...
Un surtido de pescados fritos.

Otros vinos de la bodega
Tienen más de 30 vinos de diferentes DOC portuguesas, sin contar la extensa gama de vinos de Oporto.

Precio
10 euros.

www.niepoort-vinhos.com

Martínez
Vintage Port

La empresa se creó en Londres en 1790, pero la bodega se compró en 1834 para envejecer —que no elaborar— vinos de Oporto. Pertenece a la familia Symington.

Tipo de vino
Tinto dulce generoso con crianza en bota.

Origen
Duero, Portugal (DO Porto).

Bodega
Martínez Gassiot.

Uvas
Touriga nacional, touriga franca, tinta roriz (tempranillo), tinta cão, tinta barroca y otras variedades, procedentes de algunas de las mejores viñas del Duero, especialmente de la famosa Quinta Eirha Velha. Solo se utilizan uvas de añadas excepcionales.

Elaboración
Las uvas se pisan en una especie de piscina de piedra poco honda. El mosto que sale se hace fermentar, y a media fermentación se le añade aguardiente de vino para preservar parte del dulzor natural de la uva. Posteriormente se envejece dos años en botas de roble usadas y se embotella sin filtrar.

Descripción
Es un vino de taninos intensos, mucha complejidad aromática y una acidez integrada al conjunto que suaviza el dulzor. Es casi obligado decantarlo, porque acostumbra a tener posos. Se recomienda guardarlo diez años desde la cosecha antes de abrir la botella y se puede reservar durante más de veinticinco.

Combina con...
Una larga sobremesa, o con postres de chocolate negro.

Otros vinos de la bodega
Tienen 8 tipos de vino y unas cuantas añadas de cada vino de la gama alta.

Precio
60 euros.

www.martinez.pt

Meandro

En 1877 Dona Antonia Adelaida Ferreira —una mujer emprendedora que impulsó los vinos de Oporto y Duero— fundó esta bodega, que sigue en manos de sus descendientes. Hacia 1980 se hizo una reconversión de la bodega y de las viñas, que actualmente dirige un equipo técnico de gente joven.

Tipo de vino
Tinto con crianza en bota.

Origen
Duero, Portugal (DO Douro).

Bodega
F. Olazabal & Filhos, Lda.

Uvas
40% de touriga nacional, 30% de tinta franca, 20% de tinta roriz y 10% entre tinta barroca, tinta cão y sousão. Las viñas están situadas en pendientes pronunciadas sobre suelos de granito, esquistos y aluviales.

Elaboración
La uva se enfría cuando llega a la bodega y después la pisan un grupo de hombres dentro de una especie de grandes lavaderos de granito de paredes bajas. El mosto que sale va a depósitos de acero inoxidable, donde se hace la fermentación. La crianza es de diez a doce meses en botas de roble francés usadas de 225 litros.

Descripción
En nariz se encuentran aromas de frutos rojos, especias, cítricos, regaliz, ciruelas, tostados y algún toque floral. En boca es estructurado, fresco y persistente. Conviene decantarlo una o dos horas antes de beberlo. Lo podemos guardar hasta diez años.

Combina con...
Un civet de rebeco.

Otros vinos de la bodega
Meandro White, Monte Meão, Touriga Nacional, Quinta do Vale Meão, Quinta do Vale Meão Vintage.

Precio
17 euros.

www.quintadovalemeao.pt

Viúva Gomes Collares Reserva Branco

Los romanos hace más de dos mil años que ya elaboraban vino en Colares, y debido a los suelos areniscos —y a que las cepas tienen que hundir mucho sus raíces— la filoxera no afectó a las viñas e hizo posible la plantación sobre pie franco. La bodega es del 1808.

Tipo de vino
Blanco con crianza en bota.

Origen
Lisboa, Portugal (DOC Colares, antiguamente Collares).

Bodega
Viúva José Gomes da Silva & Filhos.

Uvas
100% de malvasía de Collares —diferente de cualquier otro tipo de malvasía—, procedente de 15 hectáreas de viña plantada sobre pie franco en suelos areniscos, con subsuelo arcilloso, en dunas situadas a pie de mar. Las cepas crecen en forma de arbustos bajos que dan escasas producciones.

Elaboración
Siguen el esquema clásico de elaboración de los grandes vinos blancos portugueses, con una crianza de muchos años en botas de roble. Siempre son añadas muy antiguas y dificilísimas de encontrar.

Descripción
El color es casi ambarino, con intensos aromas yodados, salinos y de frutos secos. También aparecen olores de piel de cítricos, miel, higos, albaricoques y canela. En boca es ligero, seco y complejo. Un vino impresionante que se puede guardar más de cincuenta años desde su cosecha.

Combina con...
Una sobremesa larga y tranquila.

Otros vinos de la bodega
Genuino Branco, Genuino Tinto, Reserva Tinto, además de vinos regionales de Lisboa y vinos de mesa.

Precio
32 euros.

www.adegaviuvagomes.com

Borges Verdelho «10 Years Medium Dry»

Henrique Menezes Borges fundó la bodega en 1877 y actualmente la dirige la cuarta generación familiar. Trabajan solo con variedades tradicionales y desde el año 1924 se encuentran en el centro de Funchal. Son los principales exportadores de vino de Madeira.

Tipo de vino
Blanco con larga crianza.

Origen
Madeira (Portugal).

Bodega
H. M. Borges.

Uvas
100% de verdelho de la Ribera de Janela, de viñas plantadas en forma de pérgola sobre suelos volcánicos de basalto, a 700 metros de altitud.

Elaboración
Las uvas se seleccionan cuando llegan a la bodega y se fermentan con las pieles en depósitos abiertos de acero inoxidable. A media fermentación se le añade alcohol vínico y se calienta a 45 °C durante unos tres meses. Después pasa a las botas de roble de 650 litros, donde va envejeciendo durante años. Este vino es una mezcla de vinos de diferentes cosechas, que tienen un promedio de envejecido en bota de diez años.

Descripción
Es un vino con 19% vol. de alcohol, que se compensa con el cuerpo del vino y con el poco dulzor que conserva. La acidez hace que el dulzor se note poco y aporta frescura al vino. Presenta aromas de miel, torrefactos, peras en aguardiente, mazapán, nueces, tabaco de pipa y especias orientales.

Combina con...
Consomés y foie gras.

Otros vinos de la bodega
En conjunto tienen unos 50 vinos de diferentes añadas y envejecimientos.

Precio
34 euros.

www.hmborges.com

Alambre 20 Anos

José Maria da Fonseca creó esta bodega en 1834 y actualmente la gestiona la séptima generación familiar. Tienen 650 hectáreas de viña repartidas por diferentes zonas vinícolas de Portugal. En Lisboa tienen tienda y Wine Bar.

Tipo de vino
Blanco generoso dulce.

Origen
Setúbal, Portugal (DOC Moscatel de Setúbal).

Bodega
José Maria da Fonseca.

Uvas
100% de moscatel, procedente de la Vinha Grande de Algeruz, de suelos arcillocalcáreos, comprada en 1989 y reconvertida en 1998.

Elaboración
Cuando el mosto se encuentra a media fermentación, se interrumpe el proceso con la adición de aguardiente de vino y se deja cinco meses reposando con las pieles de la uva. Después se pasa el vino a botas viejas de roble, donde irá envejeciendo. Este vino es producto de una igualación de vinos de catorce añadas diferentes, de entre veinte y ochenta años de crianza.

Descripción
A pesar de los 182 gramos por litro de azúcar que tiene el vino, el dulzor queda parcialmente compensado y refrescado por una buena acidez que equilibra el conjunto. El vino es meloso, denso, aterciopelado y persistente. Los aromas —piel de naranja, melocotón, torrefacto, albaricoque y miel— y un final de boca sutilmente amargo hacen de este un gran moscatel magistralmente envejecido.

Combina con...
Quesos azules.

Otros vinos de la bodega
En Setúbal producen unos 50 tipos de vino, y entre Setúbal, Alentejo, Duero, Dão y Vinho Verde, la bodega posee más de 30 marcas de vino.

Precio
27 euros.

www.jmf.pt

Soalheiro Granit

La bodega la fundó en el año 1982 la familia Cerdeira en el municipio de Melgaço, muy cerca de Galicia. Tienen 14 hectáreas de viña ecológica y trabajan solo con albariño. La finca está rodeada de montañas que forman un microclima que favorece la buena maduración de la uva. Lo podemos guardar durante unos cinco años.

Tipo de vino
Blanco con crianza con las madres.

Origen
Melgaço, Portugal (Vinho Verde DOC).

Bodega
Quinta da Soalheiro.

Uvas
100% de albariño, procedente de viñas muy pequeñas —plantadas en 1974 sobre suelos de granito—, situadas entre 100 y 200 metros de altitud, bien soleadas y cerca del río Minho.

Elaboración
La vendimia se hace a mano, en cajas pequeñas. La fermentación se hace con levaduras seleccionadas, en depósitos de acero inoxidable, a temperatura más alta de lo habitual para no perder mineralidad. Mientras dura la crianza, se hacen *bâtonnages* frecuentes para acelerar la maduración del vino.

Descripción
Este vino muestra la cara más mineral de la variedad albariño, aunque también encontramos aromas de manzana, pera, melocotón, brioche, algún toque floral y piña. La acidez es un punto alta, refresca el vino y resalta las notas minerales. El paso de boca es fácil y el regusto, seco y aromático.

Combina con...
Un bogavante con patatas.

Otros vinos de la bodega
11 vinos elaborados con albariño y un aguardiente de la misma variedad.

Precio
16 euros.

www.soalheiro.com

Zehnthof Silvaner Trocken Qba

La bodega está situada en la localidad de Sulzfeld am Main. Trabaja las viñas en ecológico y los vinos son, sobre todo, de las variedades silvaner y müller-thurgau. Actualmente conviven en la misma casa tres generaciones de la familia Luckert.

Tipo de vino
Blanco joven.

Origen
Franconia, Alemania.

Bodega
Weingut Zehnthof - Luckert.

Uvas
100% de silvaner, procedente de 17 hectáreas de viñas viejas conducidas en cordón royat, sobre suelos calcáreos de los municipios de Maustal y Cyriakusberg, en la región de Franconia.

Elaboración
Se hace una selección cuidadosa y manual de las uvas, y después de un prensado suave se fermentan con levaduras autóctonas en grandes y antiguas botas de madera, que ya no aportan sabor ni aromas. Terminada la fermentación queda un azúcar residual inferior a los 3 gramos por litro.

Descripción
El perfil aromático es complejo y elegante y está formado por recuerdos de frutas blancas, flores, hierbas de montaña, toques ahumados y minerales y una punta de recuerdos de ciruelas. La acidez es mediana pero da mucho frescor. El vino es fácil de beber, con un poco de cuerpo, e invita a otro trago. Este vino ganará con dos años de botella.

Combina con...
Una menestra de verduras con espárragos.

Otros vinos de la bodega
Tienen 34 referencias más de vino, básicamente blancos, la mayoría de los cuales con la certificación de calidad VDP.

Precio
11 euros.

www.weingut-zehnthof.de

Heymann-Löwenstein «Schieferterrassen» Riesling

La esencia de la bodega es el respeto al *terroir*, de manera que cada vino transmite el carácter del suelo y el microclima de la viña de donde ha salido. Desde el año 1997 forman parte de la asociación VDP y hace más de treinta años que abonan las viñas únicamente con el orujo de sus uvas.

Tipo de vino
Blanco con crianza sobre las madres.

Origen
El Mosela, Alemania.

Bodega
Weingut Heymann-Löwenstein.

Uvas
100% de riesling, de viñas viejas de baja producción y plantadas en pequeñas terrazas de suelos de pizarra descompuesta.

Elaboración
Una vez cosechada la uva, se hace una maceración pelicular y después se prensa suavemente. La fermentación alcohólica es larga y se hace en grandes barriles de madera con las levaduras espontáneas de la uva. Terminada la fermentación, se efectúan *bâtonnages* regularmente. Es conveniente decantarlo unas tres horas antes de beberlo.

Descripción
Vino aromáticamente muy expresivo, con recuerdos de naranja, pomelo y mandarina, combinado con recuerdos de miel, pedernal, flores blancas y membrillo. En boca es fresco, untuoso, aromático, sabroso y con una pequeña cantidad de azúcar residual que se equilibra armónicamente con la acidez.

Combina con...
Una corvina al horno.

Otros vinos de la bodega
Tienen una gran variedad de referencias de diferentes fincas y añadas.

Precio
26 euros.

www.heymann-loewenstein.com

Villa Wolf Gewürztraminer

La bodega se fundó en 1756, pero en 1996 la compró Ernst Loosen —propietario de la bodega Dr. Loosen—, que intuyó la calidad de las viñas de la finca. Trabajan principalmente con las variedades de uva tradicionales del Palatinado.

Tipo de vino
Blanco sin crianza.

Origen
Renania-Palatinado, Alemania.

Bodega
Weingut Villa Wolf.

Uvas
100% de gewürztraminer, procedente de viñas propias y concertadas, plantadas sobre suelos calcáreos y de piedra arenisca.

Elaboración
Se seleccionan las uvas que no están demasiado maduras y las que no han sido afectadas por la podredumbre gris (botritis) para mantener la frescura de la uva. La fermentación alcohólica se hace en depósitos de acero inoxidable evitando la fermentación maloláctica, que haría bajar la acidez del vino. Antes de embotellarlo reposa un tiempo en los depósitos de acero inoxidable.

Descripción
Lo que más destaca de este vino es la personalidad aromática que le da la variedad. Encontramos recuerdos de agua y pétalos de rosa, azahar, frutas tropicales y miel de mil flores. Es un vino ligero, untuoso y fresco, fácil de beber y con un poco de dulzor que aportan los 18 gramos de azúcar por litro que han quedado después de fermentarlo. Lleva tapón de rosca.

Combina con...
Platos picantes.

Otros vinos de la bodega
Pinot Blanc, Pinot Gris, Riesling, Sauvignon Blanc, Dornfelder, Pinot Noir y Pinot Noir Rosé.

Precio
9 euros.

www.villawolf.com

Georg Breuer Estate Rüdesheim Riesling

La bodega se fundó en 1880, pero la familia propietaria la adquirió a principios del siglo XX. Tienen 34 hectáreas de viña, toda en Rheingau. Trabajan mayoritariamente con riesling.

Tipo de vino
Blanco con crianza sobre las madres.

Origen
Rheingau, Alemania.

Bodega
Weingut Georg Breuer.

Uvas
100% de riesling, de viñas plantadas en terrazas sobre suelos de cuarcita, pizarras y gravas del municipio de Rüdesheim. La viña solo produce unos 3.000 litros por hectárea y entre las hileras de cepas se plantan leguminosas para reducir la aportación de abonos químicos al suelo.

Elaboración
La vendimia es un poco tardía, la fermentación se hace en depósitos de acero inoxidable y la crianza sobre las madres se hace en un 90% en los mismos depósitos, mientras que el otro 10% pasa un tiempo en tinas de madera.

Descripción
El color es amarillo con reflejos verdosos. El perfil aromático es complejo y destacan aromas de albaricoque, melocotón de viña, manzana, flores, brioche, césped y algún toque tropical. El paso de boca es aterciopelado, fresco y aromático y la acidez es alta y aguanta la estructura del vino. Para guardar de cinco a ocho años. El tapón es de rosca.

Combina con...
Pollo con orejones y limón.

Otros vinos de la bodega
Producen 17 vinos de riesling, 5 de sauvignon blanco, 2 de pinot noir, 1 de pinot gris, 6 dulces, 3 espumosos y 2 vinos históricos.

Preu: 23 euros.

www.georg-breuer.com

Braunewell Spätburgunder «Teufelspfad»

Esta es una de las bodegas con más reconocimiento de la zona. Trabajan con quince variedades de uva, aunque las mejores viñas son las de riesling y las de pinot noir. Tienen 18 hectáreas de viñedos y la bodega está construida con paredes muy gruesas para aislarla del exterior. A pesar de la larga tradición vinícola familiar, no empezaron a embotellar hasta el año 1960.

Tipo de vino
Tinto con crianza en bota.

Origen
Rheinhessen, Alemania.

Bodega
Weingut Braunewell.

Uvas
100% de spätburgunder (pinot noir), de viñas viejas plantadas sobre suelos de margas calcáreas en la finca Teufelspfad, nombre que significa 'el camino del diablo' a causa de la fuerte pendiente (de hasta un 30%) que presenta el terreno.

Elaboración
Vendimia manual con selección de la uva, fermentación estándar con maceración postfermentativa de veintiún días, y fermentación maloláctica y crianza en botas de roble nuevas en un 85% y de segundo año en un 15%. El vino sale al mercado sin filtrar.

Descripción
Es un vino elegante, ligero y fresco que se encuentra dentro de la gama alta de la bodega. Tiene estructura, armonía, persistencia y los taninos maduros y suaves. Destacan aromas de frutos rojos y cerezas en aguardiente. Un vino para guardar y mejorar durante ocho o diez años.

Combina con...
Una carrillada de ternera con rebozuelos.

Otros vinos de la bodega
Blume Riesling, Blume Pinot Noir, Teufelspfad Riesling y Teufelspfad Pinot Gris.

Precio
28 euros.

www.braunewell.de

Hiedler Veltliner «Familienreserve»

Hiedler significa 'lechuza', pájaro que representa la combinación entre la ciencia y la naturaleza. Dirige la bodega —fundada en 1856— la quinta generación familiar. En la viña no utilizan herbicidas. La bodega pertenece a la Asociación de Bodegas Tradicionales Austríacas, que vela por la tradición y la calidad.

Tipo de vino
Blanco de larga crianza.

Origen
Kamp, Austria.

Bodega
Weingut Hiedler.

Uvas
100% de grüner veltliner, que es la principal variedad blanca de Austria, procedente de viñas viejas.

Elaboración
Se hace una estricta selección de las uvas y se prensan con mucha precaución para no romper demasiado los granos. La fermentación alcohólica se hace con las levaduras salvajes. Más tarde el vino pasa a grandes botas de acacia, donde permanecerá unos ocho años en contacto con las madres y donde hará la fermentación maloláctica. El embotellado se hace sin filtrar.

Descripción
Se nota mucho la evolución causada por la larga permanencia en las grandes botas, que aporta riqueza aromática al vino. Predominan recuerdos de especias orientales, hierbas aromáticas, crema pastelera y una nota tostada. Es un vino carnoso, sin aristas y con una gran persistencia. Se puede consumir ahora mismo o se puede guardar de doce a quince años desde la cosecha.

Combina con...
Pescados ahumados o un buen jamón de bellota.

Otros vinos de la bodega
Tienen 24 vinos más, de los cuales 3 son tintos y 3 son dulces.

Precio
55 euros.

www.hiedler.at

Domaene Gobelsburg Zweigelt

Es la bodega más antigua de toda la zona del Danubio, fundada en 1171 por los monjes cistercienses, que la gestionaron hasta el año 1995. Tienen 35 hectáreas de viña en pendientes y terrazas donde nunca se han usado productos químicos. Pertenecen a la asociación Österreichische Traditionsweingüter, que vela por la calidad y la personalidad de los vinos del Danubio.

Tipo de vino
Tinto sin crianza.

Origen
Baja Austria, Austria.

Bodega
Weingut Schloss Gobelsburg.

Uvas
100% de zweigelt, de viñas plantadas alrededor del castillo de Gobelsburg, sobre suelos de arena y grava de *loess* (con partículas de grano muy fino) y gneis (granito meteorizado). El nombre de la variedad proviene del doctor Zweigelt, que la creó en 1922 con un cruce de saint laurent y blaufränkisch.

Elaboración
Siguen el procedimiento habitual de vinificación del tinto. La fermentación se hace en tinas de madera de 2.500 litros, que tienen ruedas para no tener que bombear el vino.

Descripción
El vino tiene los taninos jóvenes pero moderados, es estructurado pero ligero y la acidez es fresca y está muy bien integrada. Por lo que respecta a los aromas, encontramos frambuesas, arándanos, grosellas, cerezas, flores y especias, y un punto de ciruelas negras, canela y almendras amargas. Se puede guardar durante cuatro o cinco años y conviene beberlo un punto fresquito.

Combina con...
Berenjenas rellenas de carne.

Otros vinos de la bodega
En total hacen unos 20 vinos.

Precio
14 euros.

www.gobelsburg.at

Knoll Grüner Veltliner «Smaragd» Ried Loibenberg

La bodega tiene 16 hectáreas de viñedos en propiedad y 5 más contratados a otros viticultores. La producción anual es de unas 150.000 botellas. Hacen agricultura ecológica y trabajan con grüner veltliner, riesling, gewürztraminer, chardonnay, muscat y pinot noir. La smaragd es la categoría más alta de los vinos de Wachau y se llama así por los lagartos de color esmeralda que se encuentran por sus viñas.

Tipo de vino
Blanco con crianza sobre las madres.

Origen
Wachau, Austria.

Bodega
Weingut Knoll.

Uvas
100% de grüner veltliner, de cepas plantadas en las orillas del río Danubio sobre terrenos de gneis (granito meteorizado) y pizarra, con textura arenosa y altitudes sobre el nivel del mar entre 200 y 400 metros.

Elaboración
La uva se recoge tarde y se hace macerar entera unas cuantas horas. La fermentación tiene lugar en tinas de madera, donde después el vino hará la crianza con las madres durante seis meses.

Descripción
Es un vino que solo se elabora cuando las cosechas son muy buenas. En boca es carnoso, fresco, con una acidez fina y persistente, estructurado y delicado. La parte aromática la dominan los aromas tropicales, de membrillo, miel, piel de naranja, manzana madura, albaricoque y algún discreto recuerdo de podredumbre noble. Lo podemos guardar entre ocho y diez años.

Combina con...
Carne rebozada.

Otros vinos de la bodega
En total son 22 vinos blancos y 1 de tinto.

Precio
38 euros.

www.vinea-wachau.at

Nyetimber Blanc de Blancs

Los orígenes de la finca se remontan al 1086, pero la primera viña no se plantó hasta novecientos años más tarde. El objetivo de la bodega es elaborar el mejor vino espumoso de Inglaterra, comparable con los mejores espumosos del mundo. Para hacerlo, tienen 170 hectáreas de viña en las zonas de West Sussex y Hampshire, donde solo hay chardonnay, pinot noir y meunier.

Tipo de vino
Espumoso blanco.

Origen
Sussex, Inglaterra.

Bodega
Nyetimber.

Uvas
100% de chardonnay, de viñas de ocho parcelas diferentes orientadas al sur —buscando el sol— y plantadas sobre suelos calcáreos que forman una costra de yeso.

Elaboración
Sigue el método tradicional de segunda fermentación en botella. La vinificación del mosto se hace en depósitos de acero inoxidable, donde también hace la fermentación maloláctica. Antes de provocar la segunda fermentación, un tres o cuatro por ciento del vino hace una discreta pasada por botas de roble.

La crianza en rima dura unos cinco años y el degüelle de las botellas se hace mecánicamente.

Descripción
El color es dorado pálido, la burbuja fina y elegante y los aromas son de pastelería, brioche, mazapán, cítricos, ahumados y algún toque floral y de manzana. En boca es largo, refrescante y equilibrado.

Combina con...
Una caldereta de pescado o marisco.

Otros vinos de la bodega
Classic Cuvée, Rosé, Demi-Sec y Tillington Single Vineyard.

Precio
48 euros.

www.nyetimber.com

Tokaj Pendits
«Furmint Krakó» Dry

Las primeras referencias de la bodega son del 1609. La finca está situada en la región vinícola de Tokaji, declarada Patrimonio Cultural Mundial por la Unesco en 2002, y en 1867 se clasificó como *cru*. Los actuales propietarios compraron la bodega en 1991, y en 2001 la bautizaron de nuevo con el nombre de Pendits.

Tipo de vino
Blanco con crianza en bota.

Origen
Tokaj, Hungría (DO Tokaji).

Bodega
Tokaj Pendits.

Uvas
100% de furmint, una uva tradicional húngara, procedente de 10 hectáreas de viñas biodinámicas labradas con caballo y dispuestas en terrazas estrechas sobre suelos volcánicos.

Elaboración
La vendimia se hace en cajas pequeñas y las uvas se seleccionan a pie de bodega. La fermentación la hacen las levaduras autóctonas en botas de roble húngaro. La crianza en bota es de doce a dieciocho meses, y durante todo el proceso de vinificación se añade muy poco sulfito.

Descripción
El color es amarillo intenso con reflejos dorados, y el perfil aromático lo dominan aromas de pera madura, flores, especias, avellanas tostadas y notas de una evolució noble. La acidez es fresca, agradable y deja un rastro de piel de limón. Es un vino denso, fresco y aromático, que conviene decantar media hora antes de beberlo.

Combina con...
Todo tipo de *sushi*.

Otros vinos de la bodega
Tienen 16 vinos más entre dulces y secos, elaborados sobre todo con variedades húngaras.

Precio
23 euros.

www.pendits.de

Château Dereszla Aszú 3 Puttonyos

Existen referencias de la bodega desde el siglo XV. En 1999 la compraron los propietarios del *champagne* Piper-Heidsieck, y en 2007 se remodeló totalmente. Tienen 35 hectáreas de viña plantada sobre todo con uvas tradicionales de la zona y son una de las bodegas de más prestigio de Tokaj.

Tipo de vino
Blanco dulce.

Origen
Tokaj, Hungría (DO Tokaji).

Bodega
Château Dereszla.

Uvas
Mezcla de hárslevelü y furmint, de viñas de cuarenta años.

Elaboración
Se mezcla un vino blanco seco con uvas dulces afectadas por la podredumbre gris (botritis), que tienen un alto contenido de azúcar. La crianza del vino que se origina se hace en botas de roble durante tres años.

Descripción
Color dorado intenso. Aromas de miel, tierra húmeda, orejones, piel de naranja y cítricos. Es denso, dulce y untuoso. El dulzor está compensado por la acidez y no queda empalagoso. Para guardarlo de tres a cinco años.

Combina con...
Un pastel de crema con frutos secos.

Otros vinos de la bodega
Elaboran 18 vinos entre dulces y secos.

Precio
19 euros.

www.dereszla.com

Dobogó Betsek Furmint

Se trata de una antigua bodega familiar del 1869 situada en el centro de la ciudad de Tokaj, de muy poca producción y muy alta calidad. Mantienen la tipología tradicional de los vinos de la zona, pero con una nota más fresca y juvenil.

Tipo de vino
Blanco con crianza en bota.

Origen
Tokaj-Hegyalja, Hungría (DO Tokaji).

Bodega
Dobogó (el nombre hace referencia al ruido de los caballos sobre los adoquines de las calles de Tokaj).

Uvas
100% de furmint, obtenidas de las 5 hectáreas de la viña Betsek, de treinta años de edad, plantada sobre suelos de *loess* (con partículas de grano muy fino), dentro del nivel más alto de la clasificación de las viñas de Tokaj.

Elaboración
El mosto fermenta parcialmente en depósitos de acero inoxidable y parcialmente en botas de 500 litros de tercer año. La crianza se hace en botas de roble húngaro durante un año, y una vez embotellado el vino reposa cuatro meses más en la bodega.

Descripción
Es un vino con profundidad aromática, donde encontramos recuerdos de hierbaluisa, herbolario, frutas tropicales, té verde y toques florales y cítricos. Hay cremosidad en boca, una acidez bien integrada y alguna nota mineral. La fruta y la acidez se mantienen durante todo el paso de boca.

Combina con...
Un codillo de cerdo asado.

Otros vinos de la bodega
Mylitta, Mylitta Alma, Aszú 3 Puttonyos, Aszú 6 Puttonyos, Satobi e Izabella Utca.

Precio
22 euros.

www.dobogo.hu

Batič Pinela

La actividad de la bodega se remonta al siglo XVI de la mano de los monjes que tenían allí el monasterio. Actualmente ya no existe nada de eso, pero continúa la actividad vinícola. Para controlar las plagas utilizan el sistema PCS, totalmente natural, que fortalece la resistencia de la cepa y evita tener que utilizar productos químicos.

Tipo de vino
Blanco con crianza en bota.

Origen
Valle de Vipava, Eslovenia.

Bodega
Batič.

Uvas
100% de pinela, la variedad de uva más noble de las tradicionales eslovenas, surgida de viñas biodinámicas plantadas en 1999 en la colina de Vogersko, donde la densidad de plantación es de 12.000 cepas por hectárea, más del doble que en España.

Elaboración
La vendimia se hace manualmente y la uva se guarda refrigerada dos días para favorecer la extracción. Después se fermenta con las mismas levaduras naturales de la uva. La crianza es de veinticuatro meses en botas de roble esloveno, donde hace también la maloláctica. El vino se embotella siguiendo el calendario lunar.

Descripción
Este vino tiene un intenso color dorado, aromas dulces de fruta madura (melocotón y albaricoque especialmente) y toques de vainilla y pastelería. Es un vino denso, elegante, equilibrado, con una buena acidez y donde la madera queda muy poco marcada.

Combina con...
Unos macarrones con salsa de setas.

Otros vinos de la bodega
En total tienen 7 vinos blancos, 2 rosados, 3 tintos y 1 dulce.

Precio
28 euros.

www.batic.si

Negru de Purcari

Moldavia es, probablemente, el país de la Europa Oriental con más actividad vinícola. La bodega Purcari se fundó en 1827 en la población del mismo nombre, situada en la orilla del río Dniester. En 1878 ya se dio a conocer cuando ganó una medalla de oro en la Exposición Mundial de París. Actualmente tienen 250 hectáreas de viña.

Tipo de vino
Tinto con crianza en bota.

Origen
Moldavia.

Bodega
Château Purcari.

Uvas
70% de cabernet sauvignon, 25% de saperavi y 5% de rara neagră, procedentes de viñas plantadas sobre suelos calcáreos.

Elaboración
La vendimia se hace manualmente con selección en la viña. La fermentación se hace siguiendo un protocolo clásico en tinas de madera, donde tiene lugar la maloláctica después de fermentar. La crianza se produce en botas de roble francés durante un tiempo variable de entre dieciocho y treinta y seis meses.

Descripción
Se trata de uno de los vinos más conocidos de Moldavia, de color rojo cardenalicio intenso, con olores destacados de ciruelas negras e higos maduros y algunas notas aromáticas de clavo, azafrán y especias orientales. En boca es aterciopelado, con los taninos pulidos y con un regusto muy persistente. Es un vino equilibrado y corpulento que conviene decantar una hora antes de consumirlo.

Combina con...
Un faisán asado con puré de castañas.

Otros vinos de la bodega
Tienen 6 vinos blancos, 9 rosados, 4 tintos y un *icewine* (vino de hielo).

Precio
30 euros.

www.purcari.md

Georgia
Israel
El Líbano
Turquía
China

Asia

Asia

El hecho de que la religión musulmana esté bien implantada en muchos países asiáticos hace que la producción de vino en este continente sea más la excepción que la norma, de manera que en este libro hemos considerado solo estos cinco países: Georgia, Israel, el Líbano, Turquía y China, aunque otros países como India, el Japón o Armenia elaboran también algunas producciones para consumo regional.

GEORGIA

Por lo que parece, fue en esta región del mundo donde nació la viticultura —se han encontrado pepitas de uva y prensas de piedra de la edad del bronce— y, por lo tanto, la práctica de elaborar vino. De esto hace unos cuantos miles de años, aunque los restos más evidentes son del siglo VII aC, y desde entonces nunca se ha dejado de elaborar vino en Georgia. Las técnicas productivas se han ido perfeccionando a lo largo de la historia, pero algunas prácticas —como el uso de depósitos de barro, llamados *qvevri*, donde fermentan y se guardan los vinos— se han mantenido y, desde hace unos cuantos años, han servido de inspiración para tomar nuevos caminos en el mundo de la enología moderna mundial.

Los vinos georgianos tienen poca difusión porque los países vecinos no producen vino y lo importan de Georgia, y porque más de la mitad de la producción la destinan a consumo propio. Además, una parte de la uva se comercializa como uva de mesa.

El Líbano

ISRAEL

La viticultura no es una cosa nueva en Israel —existen referentes vinícolas desde muy antiguo en la zona geográfica del Israel actual—, pero la industria enológica israelí es fruto, sobre todo, de la cultura vinícola francesa que se implantó en la zona a mediados del siglo XIX. De hecho, la mayor parte de las variedades utilizadas son de origen francés y conviven con otras variedades europeas y alguna propia de la zona.

Con unas 4.500 hectáreas de viña, Israel es un pequeño productor, con una viticultura y una enología modernas, que elabora un tipo de vino adecuado para las celebraciones religiosas y que sigue el conjunto de las estrictas normas ortodoxas sobre la producción de alimentos que dicta la Kashrut y que deben supervisar las autoridades religiosas. Estos productos aptos para el consumo de los judíos se llaman *kósher*. En otras partes del mundo también se elaboran vinos *kósher* para las comunidades judías y, a su vez, también en Israel se elaboran vinos que no siguen las normas de la Kashrut.

EL LÍBANO

Dicen los entendidos que en el actual Líbano se desarrolló hace milenios la civilización fenicia, de manera que elaborar vino está más que implantado en la región desde hace miles de años. Hay quien dice también que Noé —el del arca y el primer ebrio— corría por estos lugares, por no hablar de quien dice que las bodas de Caná —las del episodio evangélico— se celebraron también por esta zona.

Aun así, la viticultura y la enología actuales se inician en 1857, cuando un grupo de jesuitas adquieren unas viñas en la Bekaa y empiezan a elaborar vino con variedades francesas. Desde entonces la presencia francesa en la zona se nota en las viñas, plantadas con estas variedades, y en las bodegas, que siguen los modelos franceses para elaborar el vino.

De hecho, existen pocos productores de vino en este país, tan castigado por las guerras, y solo destacan dos zonas vinícolas: la del valle de la Beeka y la del Monte Líbano, donde en total se producen poco más de seis millones de botellas al año. Château Kéfraya, Château Ksara y Château Musar son probablemente las elecciones más seguras y las más fáciles de encontrar.

TURQUÍA

Este país, a caballo de Europa y de Asia, es uno de los grandes productores de pasas del mundo, de manera que la mayor parte de las viñas plantadas no se destinan a la elaboración de vino. De todas formas, en Turquía se elabora vino, y desde el primer tercio del siglo XX esta producción recibe el impulso de las autoridades turcas.

La tradición de elaborar vino en esta región se remonta a unos cuantos siglos antes de Cristo y afortunadamente todavía se conservan muchas variedades de uva procedentes de la remota antigüedad. A pesar de todo, su poco extensa producción hace muy difícil encontrar vinos turcos fuera de este país, y solo en Alemania se pueden adquirir con relativa facilidad.

—— CHINA

Ya hace tiempo que China despertó, y en estos momentos ya está bien activa. En poco más de diez años el panorama vinícola chino ha pasado de ser residual a convertirse en un gran proyecto. Los gobiernos centrales y locales han apostado decididamente por el vino, y actualmente China es el cuarto país en superficie de viña plantada del mundo... ¡y no paran de plantar! Si miramos el mapa del país veremos que, debido a su gran extensión, existen zonas adecuadas para plantar cualquier variedad de uva. Así mismo, a pesar de que tienen algunas variedades propias, están apostando por las variedades occidentales.

La producción de vino chino va constantemente en aumento —igual que lo hace su consumo—, pero de momento la comercialización se centra en el ámbito interno del país y es complicado encontrar vinos chinos fuera de China. La creación de nuevas áreas vitivinícolas, con mucha viña y muchas bodegas, impulsada por las autoridades chinas, hace presagiar que bien pronto veremos vinos chinos en los lineales de nuestros supermercados.

Pheasant's Tears Shavkapito

Probablemente es la bodega más prestigiosa de Georgia, una región donde parece que aparecieron los primeros vinos de la historia. Fundada en 2007 por un norteamericano y un esloveno, elabora solo vinos naturales siguiendo métodos ancestrales georgianos. Es todo un referente mundial de los vinos fermentados en jarras de barro.

Tipo de vino
Tinto fermentado en jarras de arcilla.

Origen
Kakhetia, Georgia.

Bodega
Pheasant's Tears.

Uvas
100% de shavkapito, procedente de 17 hectáreas de viña del valle de Mukhrani, plantadas en terrazas sobre suelos calcáreos de arcillas, arenas y gravas.

Elaboración
Se siguen métodos de elaboración de hace más de ocho mil años, que hacen fermentar la uva (con rapa incluida) con las levaduras naturales en grandes jarras de barro enterradas entre los viñedos —para evitar el traslado de las uvas— y recubiertas con cera de abeja. La fermentación y la maceración dentro de las jarras dura unos seis meses. El vino final no se filtra.

Descripción
Es un vino muy particular, de taninos marcados, seco, con final de boca un poco áspero y un punto amargo. Desprende aromas de cuero, tabaco, humo, cerezas, anís y regaliz. Hace falta esperar unos cuantos meses para dar tiempo al vino para que se unifique.

Combina con...
Una perdiz con rollitos de col.

Otros vinos de la bodega
Su catálogo consta de 12 vinos diferentes de pequeñas producciones, elaborados con uvas tradicionales eslovenas.

Precio
25 euros.

www.pheasantstears.com

Yarden Cabernet Sauvignon

La bodega es del 1983 pero las viñas se plantaron en 1976, y la primera botella —de sauvignon blanco— salió en el 1984. Tienen 600 hectáreas de viña en los altos del Golan, repartidas en pequeñas parcelas de 1,6 hectáreas, que controlan y vendimian por separado.

Tipo de vino
Tinto con crianza y *kósher*.

Origen
Galilea, Israel.

Bodega
Golan Heights Winery.

Uvas
97% de cabernet sauvignon y 3% de merlot, procedentes de las mejores viñas de los altos del Golan, en Galilea, y de una viña en la Alta Galilea, situadas en altitudes que varían entre los 400 y los 1.200 metros, sobre suelos de basalto volcánico muy rocosos.

Elaboración
La fermentación se hace en depósitos de acero inoxidable y la crianza dura dieciocho meses en botas de roble francés, de las cuales un 45% son nuevas. Todo el proceso de elaboración se hace siguiendo las normas *kósher*, bajo la estricta supervisión de un rabino.

Descripción
Es un vino complejo, aromático y persistente, que permite guardarlo diez años desde la cosecha. Aromáticamente nos recuerda a frutos rojos y negros, tierra húmeda, pastel de ciruelas, hierbas aromáticas, especias, chocolate y té negro.

Combina con...
Un estofado de pato criollo con rebozuelos.

Otros vinos de la bodega
Tienen las colecciones Yarden (28 vinos), Gamla (15 vinos), Gilgal (9 vinos), Hermon (4 vinos) Golan (2 vinos) y el vino Sion.

Precio
28 euros.

www.golanwines.co.il

Château Kefraya

Tienen 300 hectáreas de viña plantadas al estilo de un *château* bordelés, sobre un mosaico de suelos de arcilla roja, calcáreos y de cantos. Aunque la bodega se fundó en 1951, el primer vino de sus viñedos no salió hasta 1979, en plena guerra del Líbano (1975-1990). Su lema es «Un terruño, un alma, un gran vino».

Tipo de vino
Tinto con crianza en bota.

Origen
Valle de la Bekaa, el Líbano.

Bodega
Château Kefraya.

Uvas
Cabernet sauvignon, syrah, monastrell y, en algunas añadas, un poco de cariñena. Las uvas provienen de 25 hectáreas de viña de más de veinte años, rodeadas de bosques, a más de 1.000 metros de altitud, plantadas en terrazas y pendientes.

Elaboración
La uva se selecciona a la entrada de la bodega y se fermenta en pequeños depósitos de acero inoxidable. La crianza se hace entre dieciocho y veinticuatro meses en botas de roble nuevas y de un vino.

Descripción
El vino tiene una gran complejidad aromática que incluye recuerdos de violetas, especias, cerezas en aguardiente, tabaco, pimienta, frutos rojos y discretos toques tostados. En el momento de beberlo es fresco, persistente, equilibrado, de taninos marcados pero pulidos y con sutiles notas de vainilla y coco. Conviene decantarlo. Se puede guardar diez o doce años.

Combina con...
Un conejo de bosque con salsa de chocolate.

Otros vinos de la bodega
Tienen unos 15 vinos más entre blancos, rosados y tintos.

Precio
24 euros.

www.chateaukefraya.com

Kayra Narince

Kayra significa 'bondad', y la bodega pertenece a un grupo inversor norteamericano. Desde los inicios están recuperando las antiguas variedades tradicionales del país (narince, okuzgozu, bogazkere, emir y otras), el potencial enológico de las cuales con frecuencia no está bastante experimentado. Además, también elaboran vinos con variedades francesas. Poseen viñas en las mejores regiones vinícolas de Turquía y tienen dos bodegas, una en Sarkoy, fundada en 1996, y la otra en Elazig, fundada en 1942. En total elaboran unos 9 millones de botellas por año.

Tipo de vino
Blanco sin crianza.

Origen
Anatolia, Turquía.

Bodega
Kayra.

Uvas
100% de narince (pronunciado *narinja*, nombre que significa 'delicadeza'), que proviene de viñas de la región de Tokat, subzona de Sarkoy, plantadas sobre suelos aluviales de grava y piedra calcárea.

Elaboración
No se ha encontrado información sobre cómo elaboran este vino.

Descripción
El vino tiene un color verde limón de poca intensidad, es fresco en boca, untuoso, ligero y bastante equilibrado. Aromáticamente no tiene un registro demasiado complejo, pero los aromas son agradables y diferenciados, y predominan los de membrillo, pomelo y herbolario.

Combina con...
Unos berberechos al vapor.

Otros vinos de la bodega
Tienen más de 25 vinos repartidos en 5 series, las etiquetas de las cuales representan viejos símbolos de Anatolia.

Precio
16 euros.

www.kayrawines.com

Changyu Noble Dragon Cabernet

La bodega se fundó en 1892 y es la más antigua y más grande de China. Está ubicada en la ciudad de Yantai, en la península de Shandong, al norte del país. Tienen bodegas en diferentes lugares de China y están construyendo castillos (*châteaux*) al estilo de Burdeos. Son copropietarios de la bodega Marqués de Atrio, en La Rioja.

Tipo de vino
Tinto con crianza en botas.

Origen
República Popular China.

Bodega
Changyu Pioner Wine Co.

Uvas
60% de cabernet gernischt (carménère), 30% de cabernet sauvignon y 10% de cabernet franc, procedentes de 20.000 hectáreas de viña de la bodega, repartidas por distintas zonas de China. Normalmente añaden una pequeña cantidad de ojo de dragón, una uva tradicional china.

Elaboración
No se ha podido obtener información contrastada, excepto que se mantiene seis meses en botas de roble. Con todo, el distribuidor español lo considera un vino joven que es necesario consumir pronto. De este vino se elaboran 450 millones de litros por año, más vino que en toda La Rioja junta.

Descripción
De color rojo rubí de poca intensidad, es un vino ligero, poco fresco y poco persistente. Los taninos son moderados y un poco secantes. Los aromas recuerdan a frutos rojos y especias con un toque de pimiento verde.

Combina con...
Pollo con verduras y salsa de soja.

Otros vinos de la bodega
Tienen entre 15 y 20 vinos elaborados básicamente con cabernets.

Precio
11 euros.

www.changyu.com

África

África

Aunque el clima mediterráneo de África del norte favorece el cultivo de la viña, por cuestiones religiosas la producción de vino es muy reducida. Eso no significa que no existan bodegas productoras y que no se puedan encontrar en el mercado unos cuantos vinos marroquíes, tunecinos o argelinos, sobre todo en los supermercados franceses y en los restaurantes magrebíes de todo el mundo.

La viticultura en el norte del continente está muy ligada al dominio francés de la zona durante un montón de años, que no solo dejó la lengua francesa, sino también las variedades de uva y las tipologías de los vinos. Incluso algunas bodegas siguen el modelo de los *châteaux* del Médoc francés.

El centro del continente no admite el cultivo de la viña debido a su clima extremo que imposibilita la vida de las vides, pero en el sur las condiciones climáticas ya justifican una industria vitivinícola compleja y variada. En este sentido debemos recordar que Sudáfrica es el octavo productor mundial de vino.

ARGELIA

Desde la antigüedad clásica han pasado por este territorio gran cantidad de culturas que han elaborado vino y que han dejado parte de sus costumbres y de sus variedades de uva.

Este flujo continuo de distintas uvas empezó mucho antes de nuestra era y llega hasta finales del siglo XIX, con la aportación de variedades francesas durante el tiempo en que Francia ocupó la región. Además, se da el caso de que la filoxera no afectó a las viñas argelinas. Estas dos circunstancias han hecho que los vinos argelinos sean muy particulares y que en la zona podamos encontrar una gran cantidad de variedades de uva de origen habitualmente francés y español, además de otras variedades muy antiguas.

MARRUECOS

Este es el país de África del norte que tiene la industria vinícola más desarrollada y moderna —produce entre 30 y 40 millones de litros de vino al año—, y donde podemos encontrar más diversidad de vinos. Una parte muy importante de la viña se dedica a la producción de pasas y uva de mesa y menos del 20% se destina a vinificación. Como en todo el Magreb (la zona geográfica que agrupa Argelia, Marruecos, Túnez, el Sahara Occidental, Libia y Mauritania), Marruecos tiene una importante influencia francesa, que se nota también en sus vinos y en su red de comercialización.

Los ancestros de la tradición vinícola se remontan junto con los de otros países que forman el Magreb, pero la actual actividad vinícola viene de la época en que estuvo ocupado por los franceses, hace unos ciento cincuenta años. La viña marroquí está repartida en doce regiones vinícolas, que son también AOG (*Appellations d'Origine Garantie*) y que van desde los pies del macizo del Atlas hasta las costas atlánticas y —en menor proporción— mediterráneas.

Desde hace unos años se han empezado a clasificar *premiers crus* al estilo francés, cosa que puede significar una mayor penetración en los mercados vinícolas internacionales.

SUDÁFRICA

Sudáfrica empezó a tener viñas a mediados del siglo XVII de la mano de los holandeses que colonizaron el territorio. El primer vino se empezó a elaborar el 2 de febrero del 1659, pero hasta que no llegaron los franceses, a finales del mismo siglo, la viticultura y la enología dejaban mucho que desear. De hecho, no fue hasta finales del siglo XX —con la supresión del *apartheid* y un cambio en la distribución de las cuotas de producción— que empezaron a surgir bodegas que se enfocasen en la producción de vinos de calidad.

A parte del pinotage (variedad de uva surgida de un cruce entre pinot noir y cinsaut), que es tradicional, el resto de variedades son mayoritariamente francesas, con alguna concesión a variedades españolas e italianas.

Existen diez distritos vinícolas, algunos con subdistritos, que son también WO (*Wine of Origin*), el equivalente de las DO españolas o las AOC francesas. Debemos tener en cuenta, pero, que solo un 10% aproximadamente de los vinos sudafricanos tienen la categoría WO.

TÚNEZ

La historia vinícola tunecina transcurre paralela a la argelina y, a pesar de que los vinos son diferentes, las variedades de uva y los modelos en que se han inspirado son muy parecidos.

Cuvée Président

La enóloga Anissa Djani, de origen bereber, es la autora de este vino. La bodega forma parte del grupo ONCV, creado en 1968, que posee 17 bodegas diseminadas por todas las zonas vinícolas del país. Forman a los técnicos de su equipo con permanencias regulares en Burdeos.

Tipo de vino
Tinto sin crianza.

Origen
Argelia (genérico).

Bodega
Groupe ONCV (Office de Commercialisation des Produits Vitivinicoles).

Uvas
88% de cabernet sauvignon, merlot y syrah; el otro 12% corresponde a cinsault, garnacha tinta y alicante. Todos proceden de las cuatro mejores AOC argelinas. Esta igualación de variedades cambia anualmente.

Elaboración
La uva se cosecha manualmente y una vez en la bodega se desraspa. La fermentación alcohólica se hace con levaduras indígenas en depósitos termoregulados durante unos veinticinco o treinta días.

Descripción
El vino es de un color rojo rubí de alta intensidad, con un perfil aromático potente y complejo, en el cual destacan frutas en confitura, ciruelas y cerezas en aguardiente y algunas notas ahumadas, de reducción animal y balsámicas. La acidez es medida y el paso de boca fácil. Un vino muy personal.

Combina con...
Estofado de buey al vino tinto.

Otros vinos de la bodega
Gris d'Algérie, El Mordjane, Domaine Chetouane, Cuvée Monica, Coteaux de Tlemcen, Coteaux de Mascara, Château Tellagh, Cabernet Sauvignon, Damiette y Muscat de Cesaree.

Precio
12 euros.

www.oncv-groupe.com

Koutoubia Rouge

La bodega se fundó en 2001, en plena euforia vinícola, para elaborar vinos argelinos de calidad superior a la habitual. Han sido galardonados con la Medaille d'Or del Concours Mondial de Bruxelles 2015. Tienen contratos con viticultores de confianza que les proporcionan las uvas.

Tipo de vino
Tinto con crianza en depósito.

Origen
Argelia (AOC Coteaux de Mascara).

Bodega
Société des Grands Crus de l'Ouest.

Uvas
Garnacha negra y cinsault, procedentes de cepas plantadas sobre suelos limosos y arcilloarenosos situados entre 650 y 900 metros de altitud, en el monte Bénichougrane, a 90 kilómetros de Orán. Las cepas son bajas para evitar perdidas de humedad y protegerlas del *sirocco*, un viento cálido que sopla muy fuerte.

Elaboración
La uva se selecciona en la viña y se cosecha a mano. El mosto fermenta en depósitos de acero inoxidable con remontados muy frecuentes para favorecer la extracción y oxigenar las levaduras. Acabada la fermentación, el vino reposa quince meses en depósitos de inoxidable antes de embotellarlo.

Descripción
Es un vino elegante con recuerdos aromáticos de frutos rojos y negros, que tienen continuidad en boca, de taninos fundidos en el cuerpo del vino y que vale la pena decantar pero que conviene beber pronto.

Combina con...
Unas costillas de cordero a la brasa.

Otros vinos de la bodega
Producen 4 vinos acogidos cada uno a 4 de las 7 AOC de Argelia, y 5 vinos genéricos.

Precio
16 euros.

www.gco-dz.com

Château Roslane Premier Cru Rouge

La finca tiene 2.000 hectáreas al pie de las montañas del Atlas, la mejor zona vinícola de Marruecos, en donde se elaboran un 60% de los vinos marroquíes. Solo trabajan con variedades francesas. En el año 2001 inauguraron el Château Roslane, que sigue el estilo de Burdeos.

Tipo de vino
Tinto con crianza en bota.

Origen
Guerrouane, Marruecos (AOC Les Coteaux de l'Atlas).

Bodega
Les Celliers de Meknès.

Uvas
Merlot, syrah y cabernet sauvignon, de viñas plantadas entre 580 y 700 metros de altitud, en una pequeña área geográfica que ha sido clasificada como productora del único *premier cru* marroquí.

Elaboración
Se hace una selección de la uva en la viña y otra en la bodega. Después se enfría y, pasadas unas horas, se prensa neumáticamente. Una vez fermentado, el vino pasa a las cavas subterráneas, con temperatura controlada, donde hace una crianza de doce meses en botas de roble francés.

Descripción
Tiene un intenso color rojo entre rubí y granate, aromas de frutos rojos mezclados con curri y pimienta y alguna nota de vainilla, ciruelas y toques torrefactos y mentolados. Es carnoso, con unos taninos marcados que dejan una punta de astringencia y muy persistente. Un vino elegante que se puede guardar cinco años.

Combina con...
Unos muslos de pato asados y con salsa de frambuesas.

Otros vinos de la bodega
Tienen 16 vinos más repartidos en 5 colecciones.

Precio
21 euros.

www.lescelliersdemeknes.com

Epicuria Syrah

Tienen 85 hectáreas de viña, que trabajan según la agricultura integrada, rodeadas de cipreses y olivos, donde hay plantadas once variedades europeas de uva. La bodega se ha diseñado como un *château* de Burdeos debido a que los dos propietarios han trabajado de enólogos en grandes bodegas de la AOC francesa Péssac-Léognan.

Tipo de vino
Tinto con crianza en bota.

Origen
Guerrouane, Marruecos (AOC Guerrouane).

Bodega
Domaine de la Zouina.

Uvas
100% de syrah, de la parcela Dalia Negra Madura, de suelos pedregosos y arcillocalcáreos, situada a 828 metros de altitud, con escasez de lluvia, en la zona donde tradicionalmente vivían las tribus bereberes.

Elaboración
Vendimia manual con selección tanto en la viña com en la bodega. La fermentación alcohólica se hace a baja temperatura y se mantiene la maceración postfermentativa durante veinte o treinta días. La crianza es de dieciocho meses, un 25% del vino en botas y el otro 75% en tinas de roble. Finalmente, el vino se embotella sin filtrar.

Descripción
Es un vino con una gran potencia aromática, donde podemos encontrar recuerdos de frutos rojos y negros, higos, dátiles y alguna nota especiada. La fruta se mantiene viva durante todo el paso de boca y los taninos son intensos.

Combina con...
Un estofado de cordero al estilo magrebí.

Otros vinos de la bodega
Epicuria Cabernet Sauvignon, Epicuria Chardonnay y 4 vinos más dentro de la colección Volubilia.

Precio
22 euros.

www.domainezouina.com

The Chocolate Block

A pesar de que la bodega se fundó en 1776 no fue hasta el siglo XX cuando se hizo un lugar dentro del panorama vinícola mundial. Disponen de 155 hectáreas de viña y han empezado a trabajar con levaduras salvajes y los llamados *huevos de barro* (depósitos en forma de huevo que se están imponiendo en algunas bodegas de todo el mundo). También tienen bodegas en otras zonas vinícolas de Sudáfrica.

Tipo de vino
Tinto con crianza.

Origen
Swartland, Sudáfrica.

Bodega
Boekenhoutsklo of Winery.

Uvas
71% de syrah, 12% de cabernet sauvignon, 11% de garnacha tinta, 5% de cinsault y 1% de viognier (variedad blanca).

Elaboración
El vino se elabora como se hace habitualmente un tinto. El cabernet sauvignon pasa una crianza de quince meses en botas nuevas, mientras que las otras variedades lo hacen en botas usadas y en tinas de madera de 500 litros. Acabada la crianza, se embotella sin filtrar, después de una clarificación con claras de huevo.

Descripción
Destacan los frutos rojos (grosella y arándanos), especias (clavo, pimienta y nuez moscada) y flores. Es un vino potente, con buena acidez, taninos intensos pero pulidos y muy persistente. Conviene decantarlo unas horas antes de beberlo. Cada año se producen más de medio millón de botellas. Se puede guardar hasta cinco, seis o siete años.

Combina con...
Un arroz de montaña.

Otros vinos de la bodega
The Wolftrap, Porcupine Ridge, Cabernet Sauvignon, Syrah y Semillon.

Precio
35 euros.

www.boekenhoutskloof.co.za

Saxenburg Private Collection Pinotage

La bodega es una de las más antiguas del país, ya que se fundó oficialmente en 1693. Entre 1701 y 1989 ha tenido 37 propietarios diferentes. Actualmente pertenece a una familia de origen suizo, que ha conseguido posicionar sus vinos en un elevado nivel de calidad.

Tipo de vino
Tinto con crianza en bota.

Origen
Stellenbosch, Sudáfrica.

Bodega
Saxenburg.

Uvas
100% de pinotage (uva sudafricana procedente de un cruce entre pinot noir y cinsault del año 1925), obtenido de viñas de más de quince años y de bajo rendimiento.

Elaboración
Se recogen solo las uvas muy maduras y se someten a una fermentación alcohólica con levaduras naturales. Mientras dura la fermentación se hacen tres remontados diarios y, terminada la fermentación, el vino se pasa a botas de 300 litros —el 80% de roble americano y el 20% restante de roble francés—, donde permanecen unos doce meses.

Descripción
La madera de roble se nota muy bien integrada, los taninos son aterciopelados y el conjunto es estructurado, elegante y persistente. Aromáticamente destacan las cerezas, las ciruelas y las violetas. Es un vino interesante para descubrir el pinotage, que podemos guardar entre ocho y diez años.

Combina con...
Un entrecot de ternera a la plancha.

Otros vinos de la bodega
En total tienen 15 vinos repartidos en 3 colecciones. También elaboran aceite de oliva con variedades italianas.

Precio
26 euros.

www.saxenburg.co.za

Robertson Chenin Blanc

En el año 1941 unas cuantas familias crearon esta bodega, que actualmente está formada por 35 familias de vinateros —algunas ya van por la séptima generación que trabaja en los viñedos—. En conjunto disponen de 2.000 hectáreas de viña, de donde producen unos 18 millones de litros de vino anuales, equivalentes a 24 millones de botellas estándar.

Tipo de vino
Blanco sin crianza.

Origen
Robertson, Sudáfrica (Breede River Valley).

Bodega
Robertson Winery.

Uvas
100% de chenin blanco, procedente de viñas del valle de Robertson, situado en el interior de Sudáfrica, plantadas en terrenos secos de piedra calcárea con parcelas de suelos de esquistos, arenas y arcillas de origen aluvial.

Elaboración
Las uvas se seleccionan en la viña en el momento de cosecharlas. El prensado se hace con delicadeza y los mostos se fermentan en depósitos de acero inoxidable durante unos dieciocho días.

Descripción
Es un vino fresco, con una acidez muy integrada, un poco estructurado, sabroso y aromático, donde encontramos recuerdos de frutas tropicales, mandarina, especias y anís. Aunque no es un vino para guardar, se puede esperar un par de años antes de consumirlo. La botella tiene tapón de rosca.

Combina con...
Pollo rebozado o asado.

Otros vinos de la bodega
Tienen 7 marcas de vino, cada una con diferentes tipos. Todos son monovarietales.

Precio
17 euros.

www.robertsonwinery.co.za

«Crocodile's Lair» Chardonnay

El nombre Crocodile's Lair corresponde a un lugar escondido entre montañas de donde salen las uvas para elaborar este vino. La bodega se fundó en 1989, tiene 22 hectáreas de viña en una finca de 125 hectáreas y produce 90.000 botellas de vino anuales.

Tipo de vino
Blanco con crianza en bota.

Origen
Walker Bay, Sudáfrica.

Bodega
Bouchard Finlayson.

Uvas
100% de chardonnay, procedente de viñas de más de veinticinco años, con 9.000 cepas por hectárea, de la finca Kaaimansgat ('nido del cocodrilo'), con formación del tipo doble guyot, típica de la Borgoña.

Elaboración
La vendimia se hace en tres veces para asegurar que la maduración de la uva sea excelente. La fermentación se hace mayoritariamente en depósitos de acero inoxidable, aunque una parte del mosto lo hace en botas. La crianza tiene una duración de entre cinco y ocho meses en botas de roble francés, el 10% de las cuales son nuevas.

Descripción
Los aromas son especialmente de fruta tropical —sobre todo piña— con notas de melocotón, cítricos, pan tostado y mantequilla. En boca el vino es cremoso, fresco y muy gastronómico. Un vino elaborado al estilo de la Borgoña, debido a que uno de los fundadores de la bodega había trabajado en aquella región francesa. Es uno de esos vinos que siempre te pide otro sorbito.

Combina con...
Salmón a la papillota.

Otros vinos de la bodega
Tienen 9 vinos más, mayoritariamente de chardonnay y de pinot noir.

Precio
28 euros.

www.bouchardfinlayson.co.za

Los Estados Unidos
El Canadá
México
Chile
Uruguay
La Argentina

América

América

LOS ESTADOS UNIDOS

Cuando alguien oye hablar de vinos estadounidenses inmediatamente piensa en los de California y en la película *Entre copas*. Pero California no es la única región vinícola de la América del Norte, aunque es la más conocida y la de más producción. Si también es la que elabora los vinos de mejor calidad no me atrevo a decirlo, porque las otras regiones producen también algunos vinos excelentes.

Las bodegas norteamericanas acostumbran a elaborar vinos inspirados en los franceses, pero tampoco les desagradan variedades de uva españolas e italianas, y en los estados de clima más frío las variedades alemanas tienen mucho que decir. Se produce vino en la mayoría de estados norteamericanos, pero las bodegas están repartidas de manera muy heterogénea por el extenso territorio de la nación, agrupándose especialmente en los estados de la Costa Oeste.

En los Estados Unidos existen cuatro grandes regiones vinícolas:

- **La Costa Oeste,** con California como la gran zona productora, que elabora el 90% del vino norteamericano y que tiene alguna bodega que produce más vino que el conjunto de algunas DO europeas.
- **El Noroeste,** donde los estados de Washington y Oregón están a la cabecilla de la producción de vino.
- **El Noreste,** que a veces se conoce también como la Costa Este, donde el estado de Nueva York es el protagonista. Muchas de las bodegas de esta zona son propiedad de profesionales liberales que empezaron a elaborar vino por capricho.
- **El Sur y el Medio Oeste,** con poco potencial vinícola pero con algunos buenos elaboradores.

Estas regiones vinícolas están divididas en subregiones, que a su vez contienen las *American Viticultural Area* (AVA), que son áreas de producción vitivinícola delimitadas y protegidas por la legislación federal y que garantizan el origen del vino. Hay unas 200 AVA, que se asemejan más a los Vinos de Finca españoles o a las *Indicazione Geografica Protetta* (IGP) italianas que a una DO europea.

EL CANADÁ

A causa de la situación geográfica de este país, en una zona muy fría, solo una pequeña parte del Canadá es apta para la viticultura. Esto es una ventaja cuando se quiere elaborar auténticos *Eiswein* ('vinos de hielo', en inglés *icewine*), al estilo de Alemania y de Austria —vinos hechos con uvas que las bajas temperaturas ambientales han helado mientras todavía estaban en la cepa—, de los cuales el Canadá es el primer productor mundial.

En este país se trabaja con variedades francesas y alemanas, pero también tiene una gran presencia la variedad tradicional vidal. Las zonas vinícolas canadienses son: la Columbia Británica, Ontario, el Quebec y Nueva Escocia, que en conjunto suman unas 8.000 hectáreas de viña.

MÉXICO

Pocas personas en Europa saben que en México se elabora vino, y a pesar de que la producción es baja, desde el año 2000 la extensión de viña y la elaboración de vino ha ido en aumento.

Los primeros en hacer vino en México fueron los jesuitas que colonizaron aquellos lugares. Actualmente poca cosa queda de las variedades españolas y el panorama vitícola lo dominan las variedades francesas e italianas, aunque existe cierta preocupación por recuperar variedades autóctonas. En México hay cuatro regiones vinícolas:

- **Noroeste**: Con la Baja California como el gran productor de los vinos mexicanos.
- **Norte**: Donde destaca el estado de Coahuila de Zaragoza, tanto por lo que respecta a la cantidad como a la calidad, y donde se elabora vino en los estados de Sonora, Chihuahua, Durango y Nuevo León.
- **Central**: Aguascalientes, Querétaro, Zacatecas y Guanajato son los estados más destacables de esta región en cuanto a la producción de vino.
- **Oriente**: Con estados productores como Puebla y Tlaxcala.

Como en general los vinos mexicanos son caros, algunas bodegas han apostado por hacer vinos más económicos, asequibles para la gente joven y para la mayor parte de la población.

CHILE

Probablemente la principal característica de Chile que hace que el país sea excepcional desde el punto de vista vinícola es el hecho de que sus viñas nunca estuvieron afectadas por la filoxera. Esto se debió a que su territorio se encuentra protegido por todo sus lados de la llegada espontánea de este insecto.

Como en todos los países suramericanos los primeros vinos los elaboraron los colonizadores europeos —especialmente los españoles— que plantaron viñas para poder disponer de vino en su liturgia religiosa católica. De ahí a hacer vino para el consumo alimentario y lúdico solo transcurrió un pequeño espacio de tiempo.

Hacia el siglo XIX se importaron variedades de uva francesas para mejorar la calidad de los vinos que se elaboraban hasta ese momento, y la mayoría de las variedades españolas originales quedaron arrinconadas. Actualmente, las variedades francesas son las que mandan en el panorama vinícola chileno.

Chile está repartido en unas cuantas regiones vinícolas:

- **Valle del Aconcagua**: Es una región donde la variedad syrah ha ganado un gran prestigio.
- **Valle de Casablanca**: La variedad chardonnay especialmente, pero también otras variedades blancas, son las reinas de esta región.
- **Valle del Maipo**: Esta zona elabora los vinos más conocidos de Chile, porque dispone de un clima que favorece la buena maduración de las uvas.
- **Valle de Rapel**: En esta región se encuentran dos de las mejores y más reconocidas zonas vinícolas de Chile, el valle Cachapoal y el valle Colchagua.
- **Valle de Curicó**: Es una zona vinícola con una gran cantidad de canales de regadío donde se produce mucho vino blanco.

- **Valle del Maule:** Se trata de la principal región productora, con una gran presencia de la variedad carménère.
- **Valle de Itata:** Trabaja con una alta proporción de uvas autóctonas, con las que se elaboran sencillos vinos de mesa.
- **Valle del Bio-Bio:** Se trata de una zona donde abunda la producción de vinos de mesa, con bastante parecido con el valle de Itata.
- **Valle del Límari:** Es una región vinícola que desde el año 1990 ha cogido impulso y donde se están desarrollando unas cuantas iniciativas que quieren prestigiar todavía más esta zona.

Debido a la excelente relación entre la calidad y el precio, Chile exporta aproximadamente el 50% de su producción vinícola.

URUGUAY

La franja geográfica vinícola de Uruguay está más o menos en las mismas latitudes que zonas vinícolas de la Argentina y de Chile. Aun así, los vinos uruguayos son casi desconocidos para el gran público. Las principales regiones productoras están situadas en los departamentos de Colonia, Canelones —la zona más extensa de viñas—, San José de Mayo y Montevideo —la región con más concentración de bodegas—. Son zonas vinícolas donde se ubican un gran número de empresas productoras que elaboran vinos con una excelente relación entre la calidad y el precio.

Las variedades que dominan la viticultura uruguaya son las francesas, entre las que destaca el tannat, que aquí produce maravillas y que en Francia —de donde es originaria— se considera de segunda categoría. Pertenecen al pasado las primitivas variedades españolas que llevaron los colonizadores, entre las cuales el moscatel es casi la única superviviente.

Más del 70% de la producción de vino de Uruguay se consume en el mismo territorio, motivo por el que cuesta encontrar estos vinos en los mercados internacionales.

LA ARGENTINA

Las diferentes regiones vinícolas argentinas tienen plantadas unas 200.000 hectáreas de viña y recorren el país de arriba abajo a lo largo de casi 2.500 kilómetros, desde la provincia de Salta hasta el valle del Río Negro. La provincia de Mendoza, en la región del centro oeste, es el núcleo de la industria vinícola argentina, con un 75% aproximadamente de la producción total del país.

Debido a los diferentes microclimas y a la tipología de los suelos, la Argentina vinícola está dividida en tres regiones principales:

- **Noreste:** Valle de Cachalquíes, Catamarga y La Rioja son las principales zonas productoras de esta región.
- **Centro-oeste:** Destacan San Juan —que además de hacer vino es el principal productor argentino de uva de mesa— y Mendoza, donde se encuentra la reconocida zona vinícola Valle de Uco.
- **Sur:** Aquí se encuentra la provincia de Río Negro, donde encontramos el Valle de Río Negro, que es la zona de la región donde hay más cantidad de viña.

Las variedades utilizadas para elaborar los vinos argentinos son francesas, españolas e italianas, y destaca la blanca torrontés —de origen español— y la negra malbec, de origen francés.

Inniskillin
Vidal Icewine

La bodega se fundó en 1975 y lleva el nombre del regimiento irlandés Fusilers Inniskilling, del general Cooper, el antiguo propietario de la finca. El primer Vidal Icewine lo sacaron en 1984. Es una de las 50 bodegas de más prestigio del mundo, y además de esta tiene bodegas en Ontario y en el valle de Okanagan, en la Columbia Británica.

Tipo de vino
Dulce, de uva helada naturalmente.

Origen
Península del Niágara, el Canadá.

Bodega
Inniskillin.

Uvas
100% de vidal, un cruce entre ugni blanco y seibel, que se cosecha una vez se ha congelado en la misma cepa, de la cual solo se obtiene un rendimiento de entre el 10% y el 15%.

Elaboración
La uva se deja sin vendimiar hasta que se congela de manera natural. La vendimia se hace de noche para que no se descongele, y se prensa muy suavemente. El resultado es un mosto muy concentrado en azúcares y en acidez, que fermentará durante unos cuantos meses.

Descripción
Es un vino con cuerpo, denso y cremoso, del que salen aromas de melocotón maduro y albaricoque, lichis, mango, avellanas y un sutil toque de moho. El dulzor es elevado pero queda armónicamente compensado por la frescura de la acidez. Un vino muy elegante que se puede guardar más de veinte años.

Combina con...
Para beberlo solo en momentos de meditación.

Otros vinos de la bodega
Hacen 4 vinos de hielo más en diferentes formatos de botella y 28 vinos tranquilos.

Precio
100 euros.

www.inniskillin.com

Shafer TD-9

En 1972 la familia Shafer compró las primeras viñas y en 1978 elaboró su primer vino. El nombre de este vino es un homenaje al primer tractor, un TD-9, que utilizó John Shafer para trabajar sus viñedos. Actualmente tienen 200 acres en los distritos de Stagsleap, Carneros y Oak Knoll, todos dentro del valle de Napa.

Tipo de vino
Tinto con crianza en bota.

Origen
California, los Estados Unidos (Napa Valley AVA).

Bodega
Shafer Vineyards.

Uvas
56% de merlot, 28% de cabernet sauvignon y 16% de malbec, obtenidas de viñas de Stagsleap District, Yountaille y una viña situada en el sur de Stagsleap.

Elaboración
Se sigue un protocolo estándar propio de vinificación del vino, y la crianza posterior, de veinte meses de duración, se realiza en botas de roble francés de Allier y de Tronçais.

Descripción
Es un vino de patrón bordelés con una gama aromática muy compleja, donde surgen frutos rojos, hierbas secas, toques de canela y vainilla y notas torrefactas y florales. En boca es un vino ágil y potente, de taninos dulces y persistente. Uno de los mejores vinos de Napa Valley, que conviene decantar y que se puede guardar entre seis y ocho años desde su cosecha.

Combina con...
Un potaje de pato con judías.

Otros vinos de la bodega
One Point Five, Red Shoulder Rauch, Relentless TD-9, Hillside Select y otros de gama más sencilla.

Precio
90 euros.

www.shafervineyards.com

Bedell Cellars Viognier

Esta bodega, fundada en 1980, elabora vinos artesanos que representan el *terroir* marítimo de la zona de North Fork. En el año 2000 la compró Michael Lynne, un gran coleccionista de arte que ha conseguido elevar mucho el prestigio de la bodega. Los restos de madera de la poda y el orujo que queda después de elaborar el vino se utilizan como abono orgánico en las viñas.

Tipo de vino
Blanco sin crianza.

Origen
Nueva York, los Estados Unidos (Long Island AVA).

Bodega
Bedell Callars.

Uvas
100% de viognier, de algunas de las viñas más antiguas de América del Norte. La viña ocupa 25 hectáreas y se trabaja de manera sostenible totalmente manual. Los suelos son llanos y ondulados de tipo arenisco y limoarenosos.

Elaboración
La vendimia se hace manualmente y el proceso de elaboración es el habitual de los vinos blancos. La fermentación se hace en depósitos de acero inoxidable utilizando las levaduras autóctonas.

Descripción
Se trata de un vino ligero y fresco, con aromas de melocotón, mandarina, un punto de fruta tropical, notas salinas y minerales y, a pesar de que el vino es seco, los aromas dan cierta sensación de dulzor. El paso de boca es ágil y aromático y el regusto, afrutado y fresco. No se recomienda guardarlo más de un par de años.

Combina con...
Cocina oriental un poco picante.

Otros vinos de la bodega
5 blancos, 1 rosado, 6 tintos y 1 espumoso.

Precio
40 euros.

www.bedellcellars.com

O. P. P.
(Other People's Pinot)

La bodega es del año 2007, fundada por el sumiller André Hueston Mack, con una visión muy personal de la cultura del vino. La bodega funciona según el modelo francés de *vino de garaje*, e intenta elaborar un pinot noir borgoñón en Oregón. Aunque en principio los vinos que producían eran solo para restaurantes selectos de Nueva York, ahora ya se pueden encontrar en tiendas especializadas.

Tipo de vino
Tinto con crianza en bota.

Origen
Oregón, los Estados Unidos (Willamette Valley AVA).

Bodega
Mouton Noir Wines.

Uvas
100% de pinot noir, procedente de diferentes fincas de Willamette Valley, sobre todo de las colinas de Eola - Amity Hills, de suelos volcánicos, una de las mejores zonas vinícolas de Oregón.

Elaboración
Una vez vendimiadas las uvas se conservan en frío durante siete días. A continuación se hace la fermentación alcohólica en depósitos de acero inoxidable, y una vez acabada se mantiene el vino en contacto con las pieles durante dieciocho días más. La crianza se hace en botas de roble francés, el 30% de las cuales son nuevas, durante diez meses.

Descripción
Se trata de un pinot noir de Oregón de color carmín con reflejos púrpuras y con un complejo perfil aromático, del que destacan los aromas de tierra mojada, sotobosque, especias, fruta negra, grosellas, frambuesas, cerezas y plantas aromáticas. El vino es sutil y elegante, tiene un cuerpo mediano, una acidez discreta y unos taninos suaves.

Combina con...
Una barbacoa de carnes.

Otros vinos de la bodega
Tienen 12 vinos más, la mayoría elaborados con pinot noir.

Precio
20 euros.

www.moutonnoirwines.com

Pomum Syrah

El valle de Columbia alberga el 99% de la viña del estado de Washington. La bodega pertenece a Javier Alfonso, enólogo de Ribera del Duero establecido en los Estados Unidos, que elabora vinos casi artesanos. Tienen una pequeña viña plantada en 2003 y han establecido acuerdos con pequeños productores que les proporcionan uvas de máxima calidad.

Tipo de vino
Tinto con crianza en bota.

Origen
Washington, los Estados Unidos (Columbia Valley AVA).

Bodega
Pomum Cellars.

Uvas
100% de syrah, de viñas plantadas en suelos areniscos y pedregosos situadas a distintas alturas, en Yakima Valley y Snipes Mountain.

Elaboración
El vino se elabora con el sistema tecnológico habitual de los vinos tintos y la crianza se hace en botas de roble francés de 225 y 500 litros, entre dieciocho y veinte meses. Una vez embotellado la crianza sigue durante nueve meses más en botella.

Descripción
Uno de los vinos más prestigiosos de la bodega, aromáticamente complejo, con recuerdos de humo, flores, cacao y café tostado, frutos rojos y negros y toques anisados y de canela. En boca es persistente, estructurado, equilibrado, fresco y con los taninos bien integrados al cuerpo del vino. Se recomienda decantarlo una rato antes de servirlo. Se puede guardar unos diez o doce años. Solo se producen 1.000 botellas por año.

Combina con...
Pato al horno con salsa de frambuesas.

Otros vinos de la bodega
Tienen 19 vinos más elaborados básicamente con variedades de origen francés.

Precio
54 euros.

www.pomumcellars.com

Casa Madero Reserva Chenin Blanc

Es la bodega más antigua de América. En 1594 los jesuitas fundaron la Misión Santa María de las Parras, y empezaron a elaborar vino con las uvas autóctonas. En 1597 nace la Hacienda de San Lorenzo, la actual Casa Madero, que en 1893 compró la familia Madero. Las viñas están certificadas como ecológicas desde el año 2012 y están plantadas sobre todo con variedades francesas.

Tipo de vino
Blanco sin crianza.

Origen
Valle de Parras, México.

Bodega
Casa Madero.

Uvas
100% de chenin blanc, procedente de 20 hectáreas de viña del Valle de Parras, entre las 400 hectáreas que tiene la bodega en este valle.

Elaboración
La vendimia de la uva se hace de noche para concentrar al máximo los aromas. Una vez desraspada, la uva se deja macerar con el mosto a 8 ºC durante unas horas, y después se prensa. La fermentación alcohólica se hace en depósitos de acero inoxidable entre 12 y 15 ºC.

Descripción
Se trata de un vino de aspecto muy brillante, de color amarillo paja, con aromas de frutas tropicales, manzanilla y flores blancas. En boca deja una sensación cítrica que aporta mucho frescor, es persistente y mantiene los recuerdos de la fruta tropical durante toda la degustación.

Combina con...
Unas sepias a la plancha.

Otros vinos de la bodega
Tienen 20 referencias más, entre las cuales hay un vino de *vendimia tardía*.

Precio
9 euros.

www.madero.com.mx

Duetto Santo Tomás

En 1696 llegaron los jesuitas a la zona y con ellos el vino. En 1791 los dominicos fundaron la Misión de Santo Tomás, y en 1856 el estado expropió esta Misión, que sigue elaborando vino a granel y aceite. La bodega actual nace en 1888, pero no es hasta el 1939 cuando sale la primera botella de la bodega. Trabajan con variedades europeas y mexicanas y actualmente es una de las bodegas mexicanas más prestigiosas.

Tipo de vino
Tinto con crianza en bota.

Origen
Baja California, México.

Bodega
Bodegas de Santo Tomás.

Uvas
60% de tempranillo del Valle San Vicente (las viñas más antiguas del noroeste americano) y 40% de cabernet sauvignon del Valle Santo Tomás, sobre suelos de arcilla y grava.

Elaboración
La habitual de los vinos tintos, con fermentación separada de las variedades y control de temperatura. La crianza se hace en botas nuevas de roble francés, durante dieciocho meses el cabernet sauvignon y durante doce meses el tempranillo. Una vez embotellado, reposa en la bodega ocho meses más.

Descripción
Es de un color granate con reflejos teja, aterciopelado en boca, con volumen y con los taninos intensos pero pulidos. El abanico aromático muestra aromas de frutos rojos y negros, especias, toques ahumados y de eucalipto y algún recuerdo de la bota.

Combina con...
Un cabrito al horno.

Otros vinos de la bodega
Tienen 47 vinos repartidos en diferentes colecciones.

Precio
32 euros.

www.santo-tomas.com

Casa Lapostolle «Cuvée Alexandre» Chardonnay

La bodega, fundada en 1994 según los modelos franceses, se encuentra en el valle de Colchagua, pero las 370 hectáreas de viña que tienen están repartidas entre Colchagua, Casablanca y Cachapoal. Algunas de las viñas tienen certificación biodinámica Demeter, y están implantando sistemas de aprovechamiento y optimización de energía.

Tipo de vino
Blanco con crianza en bota.

Origen
Valle de Casablanca, Chile.

Bodega
Casa Lapostolle.

Uvas
100% de chardonnay, procedente de 43,3 hectáreas de viña ecológica plantada en 1997 sobre pie franco, de la finca Viña Atalaya, ubicada a 76 kilómetros de Santiago.

Elaboración
La uva se cosecha manualmente, y una vez en la bodega el 75% de la uva se prensa sin desraspar y el otro 25% se somete a una maceración pelicular antes de prensarla. Un 80% del mosto fermenta en botas de roble y el 20% restante en depósitos de acero inoxidable. La crianza se hace en botas de roble francés (nuevas y usadas) de diez a doce meses. El vino no hace la fermentación maloláctica.

Descripción
Desprende olores de cítricos, coco, vainilla, mango, flores y piña. Es un vino corpulento, denso, cremoso y bien estructurado. Conviene airearlo un poco antes de beberlo.

Combina con...
Un pulpo *a feira*, como lo hacen en Galicia.

Otros vinos de la bodega
Tienen 8 vinos Cuvée Alexandre, 7 Grand Selection, Rosé, Canto de Apalta y Borobó.

Precio
23 euros.

www.casalapostolle.com

Seña

En 1995 Eduardo Chadwick (bodeguero chileno) y Robert Mondavi (bodeguero californiano) decidieron crear esta bodega para elaborar un vino de la gama más alta, y dos años después salió al mercado la primera botella. Tienen 42 hectáreas de viña, que desde 2005 está certificada como biodinámica.

Tipo de vino
Tinto con crianza en bota.

Origen
Valle del Aconcagua, Chile.

Bodega
Bodega Seña.

Uvas
55% de chardonnay, 20% de carménère y 10% de malbec, merlot, cabernet franc y petit verdot, aunque en algunas añadas estas variedades no intervienen en la igualación. Las viñas están en la parte oeste del valle del Aconcagua, sobre suelos aluviales de textura muy diversa, a unos 40 kilómetros del mar.

Elaboración
La vendimia se hace manualmente a primera hora de la mañana para evitar que la uva llegue caliente a la bodega. El 94% del mosto se fermenta en depósitos de acero inoxidable y el otro 6% lo hace en botas de roble francés nuevas. Una vez hecha la igualación, el vino reposa durante veintidós meses en botas, donde hacen la fermentación maloláctica.

Descripción
El vino tiene olores de frutos rojos y negros, clavo, tabaco, torrefactos y eneldo. En boca tiene estructura, complejidad, equilibrio, intensidad y frescor. Es un vino largo, con los taninos maduros, que está considerado como uno de los mejores vinos del mundo. Se puede guardar unos quince años.

Combina con...
Un filete de corzo con salsa de arándanos.

Otros vinos de la bodega
No elaboran ningún otro vino.

Precio
180 euros.

www.sena.cl

Almaviva

En 1997 la baronesa Philippine de Rothschild (de la bodega Mouton Rothschild, de Burdeos) y Eduardo Guilisasti (de la bodega Concha y Toro, de Chile) fundaron esta bodega, que lleva el nombre del protagonista de la ópera *Las bodas de Fígaro*. Su logo es un homenaje a la antigua civilización mapuche de Chile.

Tipo de vino
Tinto con crianza en bota.

Origen
Valle del Maipo, Chile.

Bodega
Almaviva.

Uvas
90% de cabernet sauvignon y carménère; y el otro 10% de cabernet franc, petit verdot y merlot. Las uvas proceden de 65 hectáreas de viña plantada sobre suelos pedregosos y pobres a los pies de los Andes, a 650 metros de altitud.

Elaboración
Al llegar a la bodega la uva pasa por una mesa de selección y se conducen por gravedad hasta los depósitos de fermentación de acero inoxidable. La fermentación maloláctica la hace el vino espontáneamente, tanto en los depósitos de fermentación como en las botas nuevas de roble francés, donde hace la crianza. El tiempo de crianza va de dieciséis a diecinueve meses.

Descripción
El vino es corpulento, estructurado, armónico y su color es de un intenso rojo rubí. Los olores dominantes son de moras, arándanos, regaliz, vainilla, especias y cacao. El conjunto es potente y elegante, al estilo de los grandes vinos de Burdeos. Conviene decantarlo antes de beberlo. Se puede guardar entre doce y quince años.

Combina con...
Un filete de jabalí a la brasa.

Otros vinos de la bodega
Solo hacen este vino.

Precio
145 euros.

www.almavivawinery.com

Bouza Tannat «Pan de Azúcar»

«El trabajo a pequeña escala ofrece los mejores resultados», es el lema de esta bodega familiar, que trabaja por gravedad, tiene una sala de botas climatizada y busca que sus vinos transmitan el *terroir*. Son los propietarios de cuatro viñas, que en conjunto ocupan 32 hectáreas.

Tipo de vino
Tinto con crianza en bota.

Origen
Maldonado, Uruguay.

Bodega
Bodega Bouza.

Uvas
100% de tannat, procedente de 2,2 hectáreas de la viña Pan de Azúcar, plantada en espaldera sobre suelos pedregosos de tipo granítico y situada a pocos kilómetros del mar.

Elaboración
La uva se selecciona manualmente grano a grano. La fermentación se hace en depósitos de acero inoxidable con frecuentes *pigeages* (hundimiento manual del sombrero) y remontados. Después de fermentar pasa a las botas, donde hace la fermentación maloláctica. La crianza dura dieciocho meses en botas de roble francés y americano, y doce meses más en botella.

Descripción
Es un vino potente, de taninos a medio domar, equilibrado y fresco y con aromas dominantes de frutos rojos y recuerdos dulces de la bota. La acidez tiende a baja pero está bien integrada y asegura una larga vida al vino. Conviene decantarlo. Se puede guardar unos diez o doce años.

Combina con...
Una asado de vaca vieja.

Otros vinos de la bodega
12 vinos de una sola parcela, 8 vinos de mezcla de parcelas y 1 aguardiente de brisa.

Precio
43 euros.

www.bodegabouza.com

Garzón Tannat Reserva

El proyecto se gestó en 1999, en 2007 se plantaron las primeras viñas y la primera vendimia entró en 2015. Tienen 220 hectáreas de viña repartidas en más de mil minúsculas parcelas en la zona conocida como *la Toscana de Uruguay*.

Tipo de vino
Tinto con crianza en bota.

Origen
Punta del Este, Uruguay.

Bodega
Bodega Garzón.

Uvas
100% de tannat, procedente de viñas situadas a 18 kilómetros del mar, entre 80 y 200 metros sobre el nivel del mar, plantadas sobre suelos de *balasto* (antiguos suelos descompuestos de 2.500 millones de años), que provocan un buen drenaje de las lluvias.

Elaboración
Después de recoger la uva, se lleva a la bodega y se pasa por una mesa de selección que separa los granos que no están en óptimas condiciones. La fermentación se hace con levaduras salvajes en depósitos de hormigón, y busca una discreta extracción de los taninos. La crianza dura entre seis y doce meses y transcurre en botas y tinas de roble francés sin tostar, de 225 y 5.000 litros de capacidad respectivamente.

Descripción
El color es púrpura, de mucha intensidad. Los aromas recuerdan a especias, frambuesas, moras, ciruelas, sotobosque, regaliz y alguna nota salina. Es un vino fresco, con los taninos maduros y que puede guardarse hasta cinco años.

Combina con...
Un estofado de cordero y hierbas aromáticas.

Otros vinos de la bodega
Tienen 14 vinos de uvas francesas y 1 de albariño.

Precio
17 euros.

www.bodegagarzon.com

Santa Julia
Malbec Reserva

Esta bodega pertenece al grupo Zuccardi, una empresa familiar fundada en 1963 en la provincia de Mendoza, que actualmente es uno de los referentes de los vinos argentinos. Tienen más de 800 hectáreas de viña por toda Mendoza, repartidas en cinco fincas diferentes de Maipu, Santa Rosa y el Valle de Uco. Trabajan con once variedades de uva, algunas casi desaparecidas en los países europeos de origen.

Tipo de vino
Tinto con crianza en bota.

Origen
Mendoza, la Argentina (región vitícola Valle de Uco).

Bodega
Bodega Santa Julia.

Uvas
100% de malbec, uva de origen francés perfectamente aclimatada a la Argentina, que procede de viñas de hasta 1.400 metros de altitud.

Elaboración
La vendimia se hace manualmente en cajas. La fermentación alcohólica transcurre de la mano de levaduras industriales seleccionadas y la crianza se mantiene diez meses en botas de roble francés.

Descripción
El vino tiene la acidez muy bien integrada, los taninos están pulidos y el conjunto tiene bastante cuerpo y un toque de rusticidad. Aromáticamente se encuentran especias, chocolate, ciruelas, moras, hoja de tabaco y frutos rojos con toques ahumados. Es un buen representante de los malbec argentinos. Es necesario abrirlo una hora antes de servirlo.

Combina con...
Una parrillada de carnes.

Otros vinos de la bodega
Tienen más de 50 vinos entre diferentes marcas y series.

Precio
13 euros.

www.familiazuccardi.com

Catena «Paraje Altamira» Malbec

Nicola Catena fundó la bodega en el año 1902, una bodega que ha hecho visibles al mundo los vinos argentinos y la variedad malbec. Actualmente dirigen la bodega la tercera y la cuarta generación familiar. Su viña Adrianna —la primera que se plantó— es una de las más estudiadas del mundo.

Tipo de vino
Tinto con crianza en bota.

Origen
Mendoza, la Argentina (IG Altamira).

Bodega
Catena Zapata.

Uvas
100% de malbec, de cinco clones diferentes, procedente de la viña Paraje Altamira, plantada en 1997 y situada a 1.100 metros de altitud sobre el nivel del mar, en el Valle de Uco. Los suelos son calcáreos de origen aluvial, con un 80% de arenisca, un 10% de arcilla y un 10% de limo.

Elaboración
La uva se somete a una maceración en frío que dura cinco días. Después se fermenta el 50% en depósitos de acero inoxidable y el otro 50% en botas de roble abiertas. Posteriormente se hace la crianza en botas de roble —85% francés y 15% americano— durante doce meses.

Descripción
En este vino la acidez, el alcohol y la carnosidad se equilibran formando un conjunto armónico que tiene los taninos fundidos en el cuerpo del vino, un buen paso de boca y aromas intensos de frutos del bosque, con especias, piel de naranja, violetas, vainilla y torrefactos. Para guardarlo ocho o diez años.

Combina con...
Un asado argentino.

Otros vinos de la bodega
En total hacen más de 50 vinos agrupados en 6 marcas diferentes.

Precio
16 euros.

www.catenawines.com

Cafayate Torrontés Gran Linaje

El torrontés es la uva por excelencia en Cafayate, y la bodega Etchart es la principal promotora. Fundada en 1850, a los pies de las montañas de los Andes, desde el año 1996 pertenece al grupo francés Pernod-Ricard. Tienen 350 hectáreas de viña, de las cuales 168 son de torrontés, y producen unos 7 millones de litros de vino al año.

Tipo de vino
Blanco sin crianza.

Origen
Salta, la Argentina (Valle de Cafayate).

Bodega
Bodegas Etchart.

Uvas
100% de torrontés, de viñas plantadas sobre suelos areniscos, situadas a 1.750 metros de altitud, en la zona más antigua de torrontés de la Argentina.

Elaboración
En el momento de la vendimia se recogen solo las mejores uvas para este vino. Una vez en la bodega, se hace una maceración pelicular durante ocho horas a 8 °C, y posteriormente se provoca la fermentación alcohólica, que dura unos diez días. Este vino no hace la fermentación maloláctica.

Descripción
El perfil aromático es complejo, con recuerdos de melocotón maduro, piel de naranja, frutas tropicales y algún toque floral (rosas y jazmín), de miel y de jengibre. En boca es suave, amplio, fresco y armónico, mantiene los aromas que se encuentran en la fase olfativa y tiene una punta de azúcar residual que aporta cremosidad sin que se note el dulzor.

Combina con...
Un tabulé de cuscús.

Otros vinos de la bodega
Elaboran entre 12 y 15 vinos, todos en la zona de Cafayate.

Precio
19 euros.

www.bodegasetchart.com

Australia
Nueva Zelanda

Oceanía   196 – 207

Oceanía

AUSTRALIA

No sé si alguien se ha entretenido alguna vez en superponer el mapa de Australia sobre el mapa de Europa. Quien lo haya hecho supongo que se habrá estremecido —como me pasó a mí— de ver como Europa queda completamente escondida bajo el mapa de Australia. Esto quiere decir que la extensión de Australia es enorme y que, afortunadamente para los países europeos productores de vino, solo una pequeña parte del territorio australiano es apta para la viña. Esta parte está situada toda ella en el sur del país y en la isla de Tasmania.

Básicamente, Australia está dividida en cinco regiones vinícolas —que acogen unas sesenta zonas vinícolas— y que de este a oeste son:

Tasmania

Se trata de una isla situada en el sureste de Australia, con poca producción de vino, pero de mucha calidad.

Victoria

La Murray River Valley, donde se encuentran grandes empresas vinícolas, y la Yarra Valley, de donde salen unos vinos blancos y tintos elaborados al estilo de la Borgoña, son las zonas más prestigiosas de esta región de Australia.

Nueva Gales del Sur

Las principales zonas vinícolas son Hunter Valley, una de las mejores zonas de vinos blancos, y Mudgee.

Australia Meridional

Aquí se elaboran un 50% de los vinos australianos y algunos de los mejores provienen de las zonas vinícolas de Barossa Valley, Claren Valley, Adelaide Valley, McLaren Vale, Riverlands, Coonawarra y Padthaway.

Australia Occidental

En esta región fue donde se construyó la primera bodega australiana, en el siglo XIX, a partir de las cepas que llevó un británico que llegó en barco y se instaló en la isla. Margaret River es la zona donde se elaboran algunos de los mejores vinos australianos.

Si bien en un principio se quiso imitar a los mejores vinos franceses de Burdeos, la Borgoña, la Champaña o el valle del Ródano, después de la difusión de los vinos californianos se eligió este modelo como referencia. Aun así, hay grandes vinos producidos con las variedades francesas que llevan en su nombre alguna referencia a las zonas vinícolas de Francia. Por lo que respecta a las uvas, hay variedades francesas, españolas, italianas y otras obtenidas a partir de cruces propios hechos con estas variedades.

En Australia se producen vinos de todas clases: vinos tranquilos, vinos espumosos —al estilo del cava—, dulces de todo tipo e incluso vinos fortificados inspirados en los vinos de Jerez o de Oporto. La mayor parte de estos vinos se destinan a la exportación, a precios —en general— muy competitivos.

Austràlia

NUEVA ZELANDA

La situación geográfica de Nueva Zelanda, más al sur que Australia, hace que el clima sea menos extremo y un poco más fresco que el australiano, pero dispone de suficiente cantidad de sol para permitir madurar adecuadamente a algunas variedades de uva que a Australia se le resisten.

Nueva Zelanda está formada por dos islas, la del norte y la del sur, y en ambas se produce vino. La isla del norte tiene un clima un poco más cálido que la del sur y es donde se encuentran las zonas vinícolas de Auckland, Hawke's Bay y Wairarapa. La isla del sur tiene un clima un poco más fresco y más favorable para conseguir vinos de calidad. En esta isla están las regiones vinícolas de Nelson, Marlborough —la más extensa de Nueva Zelanda—, Waipara, Canterbury y Central Otago.

Les variedades utilizadas son básicamente francesas, con alguna concesión a variedades alemanas. Las que dan mejores vinos son la sauvignon blanca —que es la variedad estrella—, la riesling y, en menor grado, la pinot noir y la cabernet sauvignon.

Ovum Pinot Gris

Es una bodega pequeña y muy joven, fundada en 2007 por Brendon y Kirstyn Keys, después de su aprendizaje enológico por Nueva Zelanda, la Argentina y California. Hacen un trabajo constante de experimentación para poder transmitir cada vez más la fruta de la uva hasta la copa.

Tipo de vino
Blanco con crianza en huevos de hormigón.

Origen
Australia Meridional, Australia (Adelaide Hills).

Bodega
BK Wines.

Uvas
100% de pinot gris, procedente de una sola viña de quince años de edad llamada Lenswood, plantada sobre suelos de piedra arenisca y cuarzo, con arcillas a bastante profundidad.

Elaboración
La vendimia se hace manualmente y la uva se prensa nada más llegar a la bodega. La fermentación alcohólica se hace en depósitos de hormigón en forma de huevo, en donde reposará nueve meses una vez acabada la fermentación. Antes de embotellarlo se añade un poco de SO_2 para proteger el vino de oxidaciones.

Descripción
Se elaboran poco más de 2.000 botellas de este vino meloso, con una discreta nota dulce y recuerdos aromáticos de pera madura, brioche, crema inglesa y anís estrellado. Una acidez discretamente alta aporta la frescura que compensa armónicamente el punto de dulzor. El conjunto es largo y persistente en boca.

Combina con...
Pollo al curri.

Otros vinos de la bodega
En total elaboran 8 vinos, todos con variedades de uva francesas.

Precio
32 euros.

www.bkwines.com.au

Katnook «Founder's Block» Shiraz

La gama Founder's Block es la colección de vinos ideal, por calidad y precio, para introducirse en los vinos monovarietales de Coonawarra. La bodega es del año 1896 y actualmente posee 200 hectáreas de viña plantada con variedades francesas, aunque hace poco han plantado un poco de tempranillo.

Tipo de vino
Tinto con suave paso por bota.

Origen
Australia Meridional, Australia (Coonawarra).

Bodega
Katnook Estate.

Uvas
100% de syrah, de viñas plantadas en el corazón de Coonawarra sobre suelos muy fértiles de arcilla roja con subsuelo calcáreo.

Elaboración
La vinificación sigue el modelo habitual de elaboración de vinos tintos, con una crianza muy suave de tres meses de una tercera parte del vino, en botas usadas de roble francés y americano. Los otros dos tercios del vino no pasan por bota.

Descripción
Es un vino tinto de estilo juvenil, afrutado, de color granate intenso, con aromas de cerezas, pimienta, frutos del bosque y toques de ciruelas negras, cacao, regaliz y vainilla. Los taninos son suaves, la acidez hace resaltar la fruta y aporta frescor, y el conjunto es elegante y con dominio de la fruta. Se puede guardar cuatro o cinco años.

Combina con...
Un magret de pato a la plancha.

Otros vinos de la bodega
La lista de vinos de la bodega la forman 10 vinos Founder's Block, 7 Katnook Estate y 4 Limited Release.

Precio
25 euros.

www.katnookestate.com.au

Stefano Lubiana
Pinot Noir

La bodega la fundó Stefano Lubiana en 1990, aunque en su familia, que procede del norte de Italia, ya eran viticultores desde hacia unas cuantas generaciones. Siguiendo una de las actuales tendencias en enología, han empezado a trabajar con jarras de barro. La bodega tiene también un restaurante abierto al público.

Tipo de vino
Tinto con crianza en bota.

Origen
Tasmania, Australia.

Bodega
Stefano Lubiana.

Uvas
100% de pinot noir del sur de Tasmania, procedente de 25 hectáreas de viñas ecológicas de baja producción que en 2010 pasaron a biodinámicas.

Elaboración
Como todos los vinos de la bodega, la fermentación alcohólica se hace con las mismas levaduras de la uva, en depósitos de acero inoxidable y tinas de roble. Un 5% de la uva se vinifica sin desraspar. Durante la vinificación se añaden cantidades muy pequeñas de SO_2. La crianza se hace durante catorce meses en botas de roble francés.

Descripción
Es un vino elegante, equilibrado, de cuerpo mediano, con taninos agradables y acidez bien integrada al cuerpo del vino. Aromáticamente aparecen olores de cerezas, frambuesas y otros frutos rojos, toques de especias, pétalos de rosa secos y alguna nota herbácea. Se cierra con tapón de rosca y se puede guardar unos ocho o diez años.

Combina con...
Un estofado de buey al tinto.

Otros vinos de la bodega
Elaboran 18 vinos más con variedades de uva francesas.

Precio
48 euros.

www.slw.com.au

«Ad Hoc Hen & Chicken» Chardonnay

A mediados del siglo XIX los antepasados de los propietarios se instalaron en la zona, y en 1875 plantaron las primeras viñas. Larry Cherubino Wines nace en el año 2005 con una viticultura sostenible, ecológica y biodinámica. Están ensayando con nuevos clones de cepas que permitan utilizar menos productos químicos en la viña.

Tipo de vino
Blanco con crianza en bota.

Origen
Australia Occidental, Australia (Margaret River).

Bodega
Larry Cherubino Wines.

Uvas
100% de chardonnay, de viñas de la región de Pemberton, situadas entre 100 y 250 metros de altitud, plantadas en 1999 sobre margas, con arcillas profundas en el subsuelo y orientadas al noroeste.

Elaboración
La vendimia se hace manualmente, la uva se prensa con delicadeza y se hace fermentar con las mismas levaduras salvajes de la uva. Una vez terminado, el vino tiene una crianza de ocho meses en botas de roble francés nuevas y de segundo año.

Descripción
El vino tiene color amarillo pálido, aromas cítricos, recuerdos de melocotón de viña y notas de crema de San José (crema catalana) con toques tropicales. Un vino aromáticamente intenso, con fácil paso de boca y una acidez refrescante. Si se conserva adecuadamente se puede guardar hasta diez o doce años. Es conveniente no beberlo demasiado frío.

Combina con...
Un rodaballo salvaje al horno.

Otros vinos de la bodega
Tienen más de 30 vinos repartidos en 7 marcas diferentes.

Precio
30 euros.

www.larrycherubino.com

Craggy Range Kidnappers Chardonnay

La bodega se fundó en 1997 con el objetivo de elaborar vinos de alta calidad que reflejen el *terroir* de donde proceden. Trabajan con diez variedades francesas de uva, buscando vinos del estilo de Burdeos, la Borgoña, el Loira y el Ródano.

Tipo de vino
Blanco con crianza en bota.

Origen
Nueva Zelanda (Hawke's Bay).

Bodega
Craggy Range.

Uvas
100% de chardonnay, de viñas de la finca Kidnappers, una de las mejores de Nueva Zelanda, situada en Te Awanga, al lado de la playa de la bahía de Hawke, de suelos aluviales pedregosos y areniscos.

Elaboración
Sigue el esquema de elaboración de los chardonnay de Chablis, de la Borgoña francesa. La fermentación se hace en parte en depósitos de acero inoxidable y en parte en tinas de roble. La crianza dura unos diez meses en botas de roble francés, de las cuales más o menos un 17% son nuevas.

Descripción
El color es amarillo limón con reflejos verdosos y los aromas recuerdan a pan tostado con mantequilla, hierbas aromáticas, cítricos, manzana y matices tropicales. Las notas de la madera de roble son sutiles y están muy bien integradas al vino. En boca es fresco y muy persistente. Un vino con tapón de rosca que puede guardarse tres o cuatro años desde la vendimia.

Combina con...
Marisco al vapor o escaldado.

Otros vinos de la bodega
Tienen 8 vinos tintos, 5 blancos y 1 rosado, muchos de los cuales son monovarietales de una sola finca.

Precio
29 euros.

www.craggyrange.com

Ceres «Composition Pinot Noir»

La primera cosecha de la bodega se hizo en el año 2005 y el nombre de la bodega, Ceres, es un homenaje a la diosa romana de la agricultura y un reconocimiento al origen de la calidad del vino, que no es otro que la viña. Sus viñas son todas sostenibles.

Tipo de vino
Tinto con crianza en bota.

Origen
Central Otago, Nueva Zelanda.

Bodega
Ceres Wines.

Uvas
100% de pinot noir de las viñas Inlet (5 hectáreas) y Black Rabit (1,5 hectáreas), de quince años de edad, situadas entre 225 y 300 metros de altitud, sobre suelos de esquistos y con rendimientos inferiores a los 6.000 kg de uva por hectárea.

Elaboración
Una pequeña parte de la uva se vinifica con la rapa, mezclada con el resto que se desraspa. La fermentación se hace con las levaduras salvajes de la uva, y la crianza dura doce meses en botas de roble, de las cuales un 20% son nuevas.

Descripción
Este es el vino estrella de la bodega y su perfil aromático está formado por frutos del bosque maduros, ciruelas negras, especias, regaliz, sotobosque y herbolario. Tiene un cuerpo mediano pero mucha amplitud de boca, una acidez que da fluidez al vino y unos taninos elegantes. El conjunto es carnoso, afrutado y con un punto de sequedad. Para guardar de cinco a siete años.

Combina con...
Un pato asado al horno.

Otros vinos de la bodega
Ceres Pinot Gris, Ceres Riesling y 3 vinos más de la colección Fifth Bridge.

Precio
48 euros.

www.cereswines.co.nz

Fromm Pinot Noir Fromm Vineyard

La primera viña de la bodega es del 1992. Trabajan con las variedades pinot noir, syrah, malbec, riesling, pinot gris, gewürztraminer y chardonnay, y de todas ellas la pinot noir es la que les ha dado más buenos resultados. Todas las viñas son ecológicas y procuran que el vino transmita el *terroir* de donde ha salido.

Tipo de vino
Tinto con crianza en bota.

Origen
Marlborough, Nueva Zelanda.

Bodega
Fromm Wines.

Uvas
100% de pinot noir, de clones y portainjertos cuidadosamente seleccionados. Proceden de viñas de veinte años con 5.000 cepas por hectárea y producciones de 5.000 y 6.000 kilogramos por hectárea. Los suelos son aluviales, con gravas y subsuelos de arcillas tipo *clayvin* y *quarters*, del valle de Wairau.

Elaboración
Para hacer la fermentación se utilizan las mismas levaduras salvajes que lleva la uva y, después de este proceso, el vino se deja tres semanas más en contacto con las pieles. La crianza dura entre dieciocho y veinticuatro meses en botas de roble francés, de las cuales entre un 10% y un 20% son nuevas.

Descripción
Aromáticamente es muy complejo, con aromas de cereza, frambuesas, violetas, moras, especias, pétalos de rosa y toques minerales. Es un vino estructurado, carnoso, ligero, elegante, lineal y con la acidez bien integrada. Para guardarlo unos siete u ocho años y no beberlo antes de tres.

Combina con...
Un pato confitado con salsa de frambuesas.

Otros vinos de la bodega
En total son 15 vinos blancos, 9 vinos tintos y un vino rosado.

Precio
65 euros.

www.frommwinery.com

Pegasus Bay Riesling

Esta es una de las mejores bodegas neozelandesas y pertenece a la familia Donaldson, vinculados al mundo del vino desde el año 1970. Trabajan con riesling, sauvignon blanc, sémillon y pinot noir, con criterios ecológicos y biodinámicos, que garantizan la sanidad de los viñedos sin utilizar productos agresivos para el medio natural.

Tipo de vino
Blanco sin crianza.

Origen
Waipara, Nueva Zelanda.

Bodega
Pegasus Bay.

Uvas
100% de riesling (un 5% que esté afectado por la podredumbre gris o botritis), de viñas de baja producción, plantadas sobre suelos de gravas y piedras depositadas en el lugar por un antiguo glaciar. Las viñas están situadas en un pequeño microclima, con unas montañas que las protegen de los vientos fríos del Pacífico.

Elaboración
Una vez vendimiada, la uva se selecciona en la entrada de la bodega, se prensa con suavidad y se fermenta a baja temperatura, en depósitos de acero inoxidable para preservar sus aromas.

Descripción
Aromáticamente es muy complejo, con recuerdos de fruta tropical, cítricos, albaricoque, piel de mandarina, frutos blancos y notas florales. El vino es denso, amable, con un toque de dulzor y deja un regusto fresco y aromático. El primer sorbo a veces todavía conserva un poco de gas carbónico de la fermentación. Se puede guardar ocho o diez años.

Combina con...
Pato lacado al estilo chino.

Otros vinos de la bodega
En conjunto tienen 9 vinos blancos y 5 tintos.

Precio
35 euros.

www.pegasusbay.com

15
excelentes
vinos
del mundo

Château Haut-Brion

El vino Haut-Brion es un Premier Grand Cru Classé y, de hecho, es el cru más antiguo de Burdeos, con más de quinientos años de historia. La finca está situada en el municipio de Péssac, dentro de la AOC Péssac-Léognan, en la región bordelesa de Graves, a muy pocos kilómetros de la ciudad de Burdeos. Es uno de los cinco premiers grands crus bordeleses y el único que no está en la región de Médoc.

En las viñas tienen mayoritariamente variedades tintas (merlot, cabernet sauvignon, cabernet franc y petit verdot) y un pequeño porcentaje de sémillon y de sauvignon blanc.

El nombre de Haut-Brion hace referencia al hecho de que la finca se encuentra ubicada sobre una terraza ligeramente elevada respecto a las viñas del entorno.

El lugar probablemente se plantó con viña en la época romana (siglo II), pero, aunque la actividad vinícola se mantuvo, no es hasta 1533 que la finca se convierte en una gran propiedad vitivinícola con el nombre actual. A lo largo de la historia, la bodega ha pasado por diferentes propietarios, hasta que en el año 1935 Clarence Dillon (banquero norteamericano) la compró por 2.300.000 francos franceses. En 1975 Joan Dillon, nieta de Clarence Dillon, se hizo cargo de la bodega, y en 2008 le cogió el relevo su hijo, el príncipe Roberto de Luxemburgo.

En 1983, Château Haut-Brion (o mejor Domaine Clarence Dillon, que es el nombre de la empresa) compró Château La Mision Haut-Brion, que había sido su máximo competidor durante muchos años.

Tipo de vino
Tinto con crianza en bota.

Origen
Burdeos, Francia (AOC Péssac-Léognan).

Bodega
Château Haut-Brion.

Uvas
50% de merlot, 39% de cabernet sauvignon y 11% de cabernet franc (alguna cosecha incluye un pequeño porcentaje de petit verdot), procedentes de 48,35 hectáreas de viña con un promedio de edad de treinta años, plantadas sobre suelos de gravas y arenas, con un subsuelo arcilloso. Como consecuencia de la convicción de que no se puede elaborar un gran vino con un solo clon de cada variedad, en 1972 se inició un estudio clonal que ha hecho que, actualmente, cada hectárea de viña contenga más de diez clones seleccionados.

Elaboración
Las uvas se seleccionan cuidadosamente en la viña y se trasladan a la bodega inmediatamente. La fermentación alcohólica se hace en depósitos de acero inoxidable, con remontados manuales. La crianza dura unos veinticuatro meses y se hace un 80% en botas nuevas de roble de 225 litros y el otro 20% en botas de un vino, aunque antiguamente todo se hacía en bota nueva. De este vino se producen unas 10.000 botellas anuales.

Descripción
Es un vino sobrio, complejo, expresivo, elegante y con un gran potencial de envejecimiento —sobre los treinta años— si se conserva adecuadamente. En boca es un vino potente, muy equilibrado y con una acidez fresca y vigorosa. La parte aromática está dominada por los frutos rojos y negros y por notas de puros habanos, cacao y matices ahumados y tostados.

Combina con...
Un magret de pato o un chuletón de buey.

Otros vinos de la bodega
Clarence du Haut-Brion (el segundo vino tinto de la bodega, antiguamente Château Bahans Haut-Brion) y La Clarté de Haut-Brion (vino blanco conocido com Les Plantiers du Haut-Brion hasta el año 2009).

Precio
1.200 euros.

www.haut-brion.com

Château d'Yquem

La bodega tiene 113 hectáreas de viñas, de las cuales solo 100 están en producción, porque cada año se arrancan algunas hectáreas de cepas muy viejas y las tierras se dejan en barbecho durante un año. Así mismo, los cantos y las piedras que hay en las viñas acumulan calor durante el día, un hecho positivo, pero el subsuelo es arcilloso y acumula mucha aigua, cosa que ha obligado a hacer más de 100 kilómetros de drenajes.

La zona es un auténtico microclima, en el cual la temperatura y la humedad tienen que ser muy concretas para poder obtener una excelente calidad de las uvas que permita la elaboración del Château d'Yquem. Solo se hace este vino cuando la añada se presenta bien, por este motivo en las cosechas de los años 1910, 1915, 1930, 1951, 1952, 1964, 1972, 1974, 1992 y 2012 no hubo Château d'Yquem.

Cada año se abonan 20 hectáreas de viña exclusivamente con estiércol de granja, de manera que cada parte de la viña es abonada solo una vez cada cinco años.

En 1593 se otorgaron a Jacques Sauvage los derechos de tenencia simple de Yquem, y poco después se construyó la finca. En 1711 la familia Sauvage obtuvo el pleno derecho del Domaine d'Yquem. En 1855, por deseo de Napoleón III, se clasifican los vinos de Burdeos y el Château d'Yquem consigue ser el único *premier cru superieur* de Sauternes. Actualmente la bodega es propiedad del grupo LVMH.

Tipo de vino
Blanco dulce envejecido en bota.

Origen
Burdeos, Francia (AOC Sauternes).

Bodega
Château d'Yquem.

Uvas
75% de sémillon, 25% de sauvignon blanc, procedentes de 100 hectáreas de viña. Las uvas se recogen cuando tienen un contenido de azúcar de entre 300 y 600 gramos por litro. La vendimia se hace grano a grano cuando ya están bien afectados por la podredumbre noble y, como no todos los granos quedan afectados con la misma intensidad, es necesario hacer cinco o seis pasadas para cogerlos en su punto adecuado. De hecho, en alguna cosecha se han visto obligados a hacer hasta diez pasadas.

Elaboración
Como las uvas están muy desecadas por la podredumbre noble, se prensan tres o cuatro veces, y se obtienen diferentes mostos, que se hacen fermentar en botas de roble nuevas hasta que la fermentación se para espontáneamente cuando todavía quedan entre 120 y 150 gramos de azúcar por litro. Una vez realizado el ensamblaje de las diferentes botas, el vino que resulta permanece de seis a ocho meses en otras botas. Al final el rendimiento global es de 900 litros de vino por hectárea.

Descripción
El vino es tan sutil, complejo y persistente que dicen algunos que una vez has dado un trago se abre como la cola de un pavo real. El color del vino es ámbar y el intenso conjunto aromático es como una sinfonía de aromas dulces y delicados, donde encontramos recuerdos de miel, orejones de albaricoque, melocotón de viña, membrillo, pétalos de rosa, piel de naranja y de mandarina y algunas discretas notas de especias. En boca el dulzor está perfectamente compensado por una alta acidez y la sensación es de una dulce y fresca untuosidad, con un sutil toque amargo.

Combina con...
Unas codornices asadas rellenas de foie gras.

Otros vinos de la bodega
«Y» (la Y de Yquem), un vino que se hace con las últimas uvas que quedan de la vendimia, con menos podredumbre gris (botritis) y menos azúcar.

Precio
400 euros.

www.yquem.fr

Scharzhofberger Riesling TBA

La bodega está situada en la misma finca Scharzhof, a las afueras de la población de Wittingen, y está considerada una de las mejores bodegas de Alemania. Detrás de la bodega se encuentra la colina Scharzhofberger. Esta colina es una especie de Grand Cru de 28 hectáreas de viña que pertenece a ocho propietarios, y es Egon Müller quien tiene la parte más grande, con 8,5 hectáreas, 3 de las cuales son prefiloxéricas. Es una viña muy apreciada desde el siglo XIV, aunque la primera bodega la edificaron unos monjes en el siglo VI encima de una antigua bodega romana. En 1797 la finca fue comprada por Egon Müller, bisabuelo del actual propietario, y este, en el año 1880, construyó la bodega actual. Desde 1991 gestiona la bodega Egon Müller IV, es decir, la cuarta generación familiar.

La empresa tiene actualmente otras 5 hectáreas de viña de riesling en diversos lugares de la región. El cambio climático que nos está afectando favorece la zona vinícola del Sarre, porque suaviza su microclima y permite una óptima maduración de las uvas.

Egon Müller solo elabora vinos dulces, todos dentro de la categoría QmP, y pertenece a la asociación VDP alemana Verband Deutscher Prädikats und Qualitäts Weinguter, una marca con una normativa de calidad estricta que obliga a los asociados a respetar escrupulosamente las características de los productos.

Tipo de vino
Blanco dulce con podredumbre noble.

Origen
El Mosela, Alemania (valle del Sarre, Saar en alemán).

Bodega
Egon Müller - Scharzhof.

Uvas
100% de riesling, de la finca Scharzhofberger, en el valle del río Sarre, una de las zonas más frías y húmedas de los territorios del río Mosela, muy favorable para estos tipos de vino. Los suelos son de pizarra y las cepas están plantadas en pendientes muy pronunciadas, entre los 190 y 310 metros sobre el nivel del mar.

Elaboración
En el momento de la vendimia se seleccionan y se recogen solo los granos de uva que la podredumbre noble ha secado, cosa que hace que el rendimiento de la uva para este vino no pase de los 2 litros por cada 100 kilogramos de uva cosechada. La fermentación alcohólica se hace en grandes y antiguas tinas de madera, y se para espontáneamente cuando todavía queda mucho azúcar residual sin fermentar, cosa que le proporciona el característico sabor dulce al vino.

Descripción
La alta acidez del vino lo estructura com si fuera su esqueleto interno, mientras que una compleja y clegante intensidad aromática lo viste de gala. Los olores van muy ligados a la podredumbre noble, que aporta los clásicos aromas de derivados de petróleo tan valorados por los amantes de los buenos riesling, y también otros aromas de melocotón maduro, orejones

de albaricoque, miel, membrillos, mazapán y piel de naranjas amargas. La acidez y el dulzor se equilibran y se compensan perfectamente durante la cata, y dejan un paso de boca cremoso, pausado y con un regusto final lleno de sutilezas y recuerdos de frutas tropicales muy maduras. Debido a su baja producción y a su precio elevado, se comercializa en botellas pequeñas. Este vino se puede guardar entre treinta y cuarenta años, pero se puede disfrutar desde el mismo día de su compra.

Combina con...
Momentos muy especiales de reflexión.

Otros vinos de la bodega
Kabinet, Spätlesse, Auslesse, BA, TBA y Eiswein.

Precio
10.000 euros.

www.scharzhof.de

Gaja Barbaresco «Costa Russi»

A pesar de que Angelo Gaja opina que un vino surgido de una sola finca no tiene por qué ser mejor que uno que provenga del ensamblaje de diversas fincas, él fue uno de los primeros elaboradores italianos que hizo vinos de una sola finca, como este Costa Russi. Y, de hecho, los vinos de finca de la bodega Gaja son regularmente puntuados con elevadas calificaciones por los críticos vinícolas más reconocidos. Quizás, como dice él, no tienen por qué ser más buenos, pero seguramente tienen más personalidad, y esto siempre aporta un valor añadido al vino.

La bodega la fundó en 1859 Giovanni Gaja, descendiente de españoles. En años posteriores fue ampliando la viña y consolidando sus vinos piamonteses. En 1940 nació su biznieto y actual propietario de la bodega, Angelo Gaja, que a los veintiún años se inició en los trabajos de la bodega familiar después de estudiar en Alba, Montpellier y Turín.

En 1967 Gaja sacó su primer vino de finca, el Sorì San Lorenzo, y le siguió, en 1978, el Costa Russi. Durante unos cuantos años el Costa Russi estuvo fuera de la DOCG Barbaresco porque llevaba un 5% de barbera, pero en 2013 volvió a la DOCG.

Angelo Gaja ha sido siempre un personaje innovador, controvertido e inquieto, pero ha sido sin duda uno de los principales impulsores de los vinos piamonteses. Se niega a tener página web —aunque la tiene, pero sin contenidos— porque dice que así mantiene la sensación de libertad.

Actualmente la bodega tiene viñas en el Piamonte (1.000 hectáreas) y en la Toscana (137 hectáreas), donde elabora sus vinos.

Tipo de vino
Tinto con crianza.

Origen
El Piamonte, Italia (DOCG Barbaresco).

Bodega
Angelo Gaja.

Uvas
100% de nebbiolo, de viñas de más de sesenta y cinco años, plantadas sobre margas y arcillas calcáreas de la viña Costa Russi, situada en una pendiente de la parte baja de la colina donde está ubicada la población de Barbaresco. La viña tiene 4,35 hectáreas y está orientada al sudoeste, a unos 230 metros de altitud. El rendimiento de esta viña es de 2.500 litros por hectárea.

Elaboración
La fermentación alcohólica del vino dura unas tres semanas y la crianza tiene una duración total de dos años, doce meses en botas de roble (50% francés y 50% esloveno) y doce meses en tinas de roble de 1.000 a 10.000 litros de capacidad.

Descripción
Es un barbaresco de referencia, donde los frutos rojos y negros cogen el protagonismo aromático desde el primer momento, y pasan sobre un fondo más

sutil y complejo de café tostado, especias, violetas, hierbas aromáticas mediterráneas, té negro, cuero y hierro mojado, que forman un conjunto aromático intenso, casi perfumado. Los taninos son potentes pero están suavizados por la crianza en bota, y la acidez es discreta y aporta frescura y volumen al vino. Globalmente es un vino equilibrado, graso, carnoso y muy persistente. Se podrá guardar entre veinte y treinta años, dependiendo de la cosecha. Conviene decantarlo un par de horas antes de beberlo.

Combina con...
Unos medallones de ciervo a la plancha con salsa de arándanos.

Otros vinos de la bodega
Tiene 18 vinos en el Piamonte (donde el Gaja Barbaresco es el referente de la bodega) y 5 en la Toscana. También elabora una grappa.

Precio
550 euros.

www.gaja.com

L'Ermita

Álvaro Palacios llegó al Priorato en 1989 de la mano de su amigo y elaborador René Barbier, y con la complicidad de Josep Lluís Pérez, Carles Pastrana y Daphne Glorian removieron la región y la manera de elaborar los vinos, dando valor y protagonismo a las tierras de pizarra con una producción de uva muy escasa pero con mucha concentración. Su familia era elaboradora de vinos en La Rioja, y él acababa de estudiar en Burdeos, donde se inició en las bodegas Château Pétrus y Château Mouton-Rothschild.

En 1989 hizo un vino conjuntamente con las persones nombradas anteriormente, y en el año siguiente cada uno ya elaboró su propio vino.

En 1990 Álvaro Palacios adquirió la finca Dofí, y poco después compró la viña L'Ermita, llamada así porque está ubicada al lado de la ermita de la Consolación, que por su inclinación es necesario trabajar a mano o con mula.

La bodega tiene actualmente 30 hectáreas de viña, aunque para la gama más sencilla de vinos debe comprar uva a otros viticultores. Dentro de la bodega se trabaja por gravedad, y además de los habituales depósitos de acero inoxidable se utilizan también depósitos de cemento y de madera de roble. Exportan el 70% del vino que producen.

Tipo de vino
Tinto con crianza.

Origen
Cataluña (DOQ Priorat).

Bodega
Álvaro Palacios.

Uvas
91% de garnacha tinta, 8% de cariñena y 1% de uvas blancas (pedro ximénez, macabeo y garnacha blanca). La idea es conseguir que pronto sea el 100% de garnacha tinta. Todas las uvas provienen de cepas de más de setenta años y están situadas en el municipio de Gratallops. La viña L'Ermita tiene 1 hectárea de superficie y está plantada en pendientes, sobre suelos de pizarra, a unos 500 metros de altitud. De esta viña se obtienen solo 1.600 litros por hectárea, un rendimiento extremamente bajo.

Elaboración
La fermentación alcohólica y posterior maceración de las pieles se hace en tinas de roble de 2.000 y 3.500 litros de capacidad, y dura unas seis semanas. La crianza posterior dura quince meses y se hace en botas de 500 litros, donde espontáneamente se inicia y se desarrolla la fermentación maloláctica. La producción anual de este vino no supera las 1.300 botellas.

Descripción
Álvaro Palacios define este vino como «la emoción del clasicismo». El vino es de un intenso color rojo picota con reflejos morados, brillante y atractivo. En nariz todo es potencia, complejidad, elegancia y sutileza, y se mezclan melódicamente frutas, especias, hierbas aromáticas de montaña y alguna nota floral. Al degustarlo se nota fresco —a pesar del cuerpo y de la estructura que tiene—, con volumen, equilibrado y muy persistente.

Es un vino para disfrutar tranquilamente y dejar que vaya desarrollándose a su ritmo, sin prisa, procurando captar las fluctuantes sutilezas de cada sorbo. Se puede guardar durante veinte años y es necesario decantarlo como mínimo un par de horas antes de dar el primer sorbo.

Combina con...
Una liebre a la royale o un guiso de becada.

Otros vinos de la bodega
Camins del Priorat, Les Terrasses, Gratallops, Finca Dofí y Les Aubaguetes.

Precio
1.300 euros.

www.alvaropalacios.com

Ornellaia Masseto

El Ornellaia Masseto forma parte del grupo de vinos llamados supertoscanos, una expresión no oficial que distingue a los mejores vinos de la Toscana. A pesar de esto, el vino no se acoge a ninguna DOC ni DOCG, y se mantiene como IGT, categoría recientemente rebautizada como IGP.

La bodega está situada al lado de la población de Bolgheri y fue fundada en 1981 por el marqués Ludovico Antinori. En el año siguiente empezaron a plantar los viñedos y en 1985 hicieron la primera vendimia, que salió al mercado en 1988 con el nombre de Ornellaia. Durante los años siguientes siguieron plantando viña y desde el año 2001 incorporaron en cada botella de Ornellaia un sello de autenticidad, que permite que el consumidor conozca toda la historia de la botella que tiene en sus manos, además de impedir falsificaciones o rellenados de las botellas. En el año 2002 la compró la empresa Robert Mondavi (un elaborador californiano), que cedió el 50% de la finca a los marqueses de Frescobaldi —una familia ligada a la viticultura desde hace siglos—. Estos, en el año 2005, compraron el otro 50% y actualmente son los únicos propietarios.

Las viñas de donde sale este vino son de las mejores de la Toscana, una distinción que viene dada por la combinación del *terroir* y de un microclima excepcional.

Tipo de vino
Tinto con crianza en bota.

Origen
La Toscana, Italia (IGT Toscana).

Bodega
Tenuta dell'Ornellaia.

Uvas
100% de merlot, procedente de 7 hectáreas de una viña de entre treinta y cuarenta años, repartida en tres parcelas, plantada sobre suelos de arcilla, arena y cantos rodados, y situada en lo alto de la colina llamada Masseto. La viña se trabaja con criterios sostenibles.

Elaboración
Una vez determinado el momento de la vendimia, en función de las regulares catas de uva que se van haciendo a lo largo de su maduración, se seleccionan a pie de viña las uvas que están en el punto óptimo de cosecha y se trasladan a la bodega. Cuando llegan allí, las uvas se repasan y se eliminan, si es necesario, las que no se consideran aptas para vinificar.

Se fermentan por separado cada una de las parcelas, una parte en depósitos de acero inoxidable y otra parte en tinas de roble. Los tiempos de maceración y de extracción se determinan en función de las características concretas de cada añada. Posteriormente, los vinos de cada parcela permanecen un año en bota, y pasado este tiempo se hace el ensamblaje de las tres parcelas y se mantiene el vino resultante doce meses más en bota. Una vez embotellado, el vino reposa todavía otro año en botella antes de salir al mercado.

Descripción
Este vino se considera el mejor merlot elaborado en Italia. Es un vino carnoso, estructurado y fresco, con taninos intensos pero pulidos que proporcionan armonía al conjunto. Aromáticamente destacan aromas de frutos rojos, vainilla y chocolate negro, con una amplia variedad de matices más sutiles que dan complejidad y hacen el vino más atractivo. Se podrá guardar entre veinte y treinta años, en función de la añada. Se recomienda una media decantación antes de consumirlo.

Combina con...
Un costillar (*carré*) de cordero al horno.

Otros vinos de la bodega
Le Volte, Bolgheri, Ornellaia Bianco, Le Serre Nouve, Poggio alle Gazze y Ornus. Producen también aceite y una grappa.

Precio
900 euros.

www.ornellaia.it

Palo Cortado Reliquia

La bodega la fundaron en el año 1821 Benigno Barbadillo y Manuel López, en Sanlúcar de Barrameda. Desde entonces ha sido siempre propiedad de la familia Barbadillo, y actualmente dirige la bodega Manuel Barbadillo, de la sexta generación familiar.

En el año 1975 sacaron al mercado el vino blanco Castillo de San Diego, que en pocos años se convirtió en el vino blanco más vendido de España y que se exporta a más de cincuenta países del mundo.

El producto estrella de la bodega es el Manzanilla Solear, un manzanilla muy bueno que solo vale 7 euros en el mercado español. De todas formas, la máxima expresión de la bodega la encontramos en la colección Reliquia —unos vinos seleccionados entre los vinos de envejecimiento muy largo— formada por un amontillado, un palo cortado, un oloroso y un pedro ximénez de edades habitualmente superiores a los cien años, aunque es imposible saberlas con exactitud.

Los orígenes de esta colección son unas soleras muy viejas compradas a Don Manuel Argüeso a mediados de siglo XIX, que se combinaron con vinos *de sacristía* de otras prestigiosas bodegas de la zona de Jerez.

El Palo Cortado Reliquia ha sido puntuado por el crítico norteamericano Robert Parker con 100 puntos sobre 100, un hito que muy pocos vinos del mundo han conseguido. De este vino se producen solo 100 botellas al año.

Barbadillo es también propietario de las bodegas Vega Real, en Ribera del Duero, y de la bodegas Pirineos, en Somontano.

Tipo de vino
Blanco generoso de muy larga crianza.

Origen
Andalucía (DO Jerez-Xérès-Sherry y Manzanilla - Sanlúcar de Barramenda).

Bodega
Bodegas Barbadillo.

Uvas
100% de palomino fino, uva tradicional de la región de Jerez, surgida de las 500 hectáreas de viña que la bodega posee.

Elaboración
Se elabora un vino blanco con esta uva, y después de fortificarlo con alcohol etílico se inicia una crianza biológica con si se tratara de un fino. Durante la crianza coge unas notas de cata más oxidativas y acaba con un perfil aromático a caballo entre un fino y un oloroso. La crianza se hace con el método de *criaderas y soleras* típico de Jerez, durante un mínimo de ochenta a cien años. Es un vino criado sin prisas, que finalmente se comercializa en una botella con forma de decantador soplada manualmente —como se hacía antiguamente—, para darle esta imagen de antigüedad y seriedad.

Descripción
El vino tiene una increíble complejidad aromática que va aumentando a cada minuto que pasa en la copa, mientras se va abriendo y enriqueciendo en matices. Comienzan a emerger los aromas de frutos secos y, despacio, van surgiendo notas de yodo, barnices, curri y frutas exóticas. El paso de boca es seco, intenso, amplio y amable a pesar de los 22 grados de alcohol que tiene. Se recomienda beberlo entre 13 y 15 ºC de temperatura.

Combina con...
Momentos de meditación, o una buena tertulia entre amigos. Unas virutas de buen jamón de bellota serán también un buen complemento a la tertulia.

Otros vinos de la bodega
Además del Castillo de San Diego y del Solear, Barbadillo elabora unos 27 vinos más en la zona de Jerez. Hacen también 5 brandis, un vino espumoso, un vermut a base de manzanilla y diferentes espirituosos.

Precio
1.300 euros.

www.barbadillo.com

Penfolds Grange

Al principio este vino se llamaba Grange Hermitage, pero desde hace años se llama simplemente Grange, y así evita paralelismos con los vinos franceses elaborados con syrah. Actualmente es el vino más apreciado y caro de Australia.

La bodega Penfolds la fundaron, en el año 1844, el doctor Christopher Rawson Penfold y su esposa, Mary Penfold. De Penfold y Penfold surgió el nombre de Penfolds. En 1870 el doctor Penfold murió y su mujer se hizo cargo de la bodega, hasta que en 1884 le cedió el mando a su hija Georgina.

En 1949 el enólogo de la bodega, Max Schubert, fue enviado a Jerez, Oporto y Burdeos para observar cómo se hacían aquellos prestigiosos vinos. Al volver a la bodega, empezó a implantar algunas de las cosas que había aprendido durante su viaje, y en 1951 presentó a la directiva de la bodega lo que quería ser un gran vino australiano, basado en la variedad syrah, pero el vino no tuvo la aceptación que él esperaba. A escondidas de la empresa, Max Schubert siguió haciendo cada año este vino, hasta que pasados unos años promocionó una cata vertical de todas las añadas experimentales. El resultado sorprendió a todos y se hizo evidente que un largo envejecimiento hace que el vino evolucione muy favorablemente. En 1960 la empresa decidió elaborar comercialmente este vino, que salió al mercado con el nombre Grange Hermitage. En el año 2008 Robert Parker puntuó este vino con 100 puntos sobre 100.

Actualmente el enólogo es Peter Gago y trabaja sobre todo con chardonnay, cabernet sauvignon y syrah, pero en menor proporción también con mataró (monastrell), riesling, traminer, fiano, sangiovese, tempranillo, pinot noir y otras variedades.

Tipo de vino
Tinto con crianza.

Origen
Australia Meridional, Australia (Barossa Valley).

Bodega
Penfolds Wines.

Uvas
96% de syrah y 4% de cabernet sauvignon, procedentes de diferentes viñas de Barossa Valley, McLaren Vale, Coonawarra y Magill Estate.

Elaboración
A pesar de que la bodega no es muy espléndida en hacer comentarios de cómo elaboran sus vinos, sabemos que las uvas se recogen muy maduras y que, una vez vinificado, el Grange permanece veinte meses haciendo la crianza en botas nuevas de roble americano.

Descripción
Es un vino de color granate muy intenso, como corresponde a un buen syrah, profundo, estructurado y potente, con taninos dulces bien integrados y un conjunto armónico y atractivo, donde las ciruelas negras y el chocolate dominan la parte aromática, acompañados de notas de regaliz, cardamomo, jengibre, eneldo y otras especias menos evidentes. En boca los aromas se despliegan todavía más y surgen, uno detrás de otro, los frutos del bosque, la confitura de arándanos y recuerdos de té negro. A pesar de haberse inspirado históricamente en los vinos Hermitage, del valle del Ródano francés, es un syrah con personalidad propia australiana. Un vino para guardar convenientemente durante treinta años o más, que es necesario decantar una hora antes de servirlo.

Combina con...
Un civet de liebre o una becada asada.

Otros vinos de la bodega
La bodega produce vinos de finca, monovarietales, dulces, fortificados, espumosos y vinos de todo tipo. Elaboran también un brandi y, en total, tienen más de 30 vinos diferentes.

Precio
700 euros.

www.penfolds.com

Pétrus

Terminada la segunda guerra mundial y después de tenerla en propiedad durante doscientos años, la familia Arnaud vendió la bodega a la señora Loubat, los herederos de la cual vendieron a su vez la mitad de la bodega a Jean-Pierre Moueix en el año 1964. Actualmente los propietarios son las familias Lacoste-Loubat y Moueix.

El señor Moueix era un negociante de vinos que, en 1937, había fundado en Libourne los establecimientos Jean-Pierre Moueix, y a partir del 1950 fue comprando viñas y bodegas prestigiosas en la zona de Burdeos. Actualmente elabora vinos de 8 de las AOC bordelesas y en California.

La idea básica de la bodega es que para hacer un buen vino es necesaria una buena uva, y por eso los trabajos en la viña están perfectamente diseñados y se hacen siguiendo unos estrictos protocolos que garantizan la calidad de la uva. Incluso los trabajadores que harán la vendimia son cuidadosamente elegidos, y algunos de ellos ya llevan más de veinte años vendimiando para Pétrus. La vendimia se hace siempre después del mediodía, para evitar la excesiva humedad de las mañanas. Como todavía es tradicional en algunas zonas, una vez se termina la vendimia se celebra una comida con todo el personal.

Este vino está dedicado a san Pedro (Petrus en latín) y se puede ver una imagen del santo en la parte superior de la etiqueta.

Tipo de vino
Tinto con crianza.

Origen
Burdeos, Francia (AOC Pomerol).

Bodega
S. C. du Château Pétrus.

Uvas
100% de merlot, procedente de 11,4 hectáreas de viña de la parte oriental de Pomerol, de cepas de edades comprendidas entre los cincuenta y los setenta años, plantadas en suelos de grava con el subsuelo arcilloso. Hasta el año 2010, este vino llevaba entre un 3% y un 5% de cabernet franc. Para conseguir la máxima calidad de la uva, cada campaña se hace una poda en verde para no dejar más de ocho uvas por cepa.

Elaboración
Las uvas se seleccionan y se recogen a mano, y una vez en la bodega se hacen fermentar en depósitos de cemento. La crianza tiene lugar en botas nuevas de roble, entre veinticuatro y veintiséis meses, aunque la duración exacta depende de las características concretas de cada cosecha. Acabada la crianza se eligen las mejores botas y se hace el ensamblaje final.

Descripción
Es un vino mítico que no solo expresa el *terroir* de donde procede, sino que también muestra todo lo que puede dar de sí la variedad merlot. Los aromas van desfilando desde la copa con un *tempo* pausado durante un buen rato, y nos deja recuerdos de arándanos, cerezas, moras, ciruelas negras, violetas, notas

ahumadas y especias que, en la medida en que se despiertan, van añadiendo más complejidad y expresividad aromática al vino. En boca el vino es robusto pero nada pesado, con los taninos pulidos y bien integrados y con un paso aterciopelado, fresco, atractivo y afrutado. El regusto final es intenso y persistente y, a pesar de su volumen, deja una agradable sensación de ligereza. Conviene decantarlo una rato antes de beberlo y se recomienda esperar como mínimo de ocho a diez años antes de abrir la botella. Si somos lo suficientemente pacientes podemos guardar este vino durante unos cuarenta años.

Combina con...
Un civet de liebre.

Otros vinos de la bodega
El grupo Jean-Pierre Moueix elabora 10 vinos en Pomerol, 8 en Saint-Émilion y 4 en California.

Precio
3.500 euros.

www.moueix.com

Pingus

Peter Sisseck, nacido en Copenhague en 1962, llegó a España en 1990 contratado como asesor técnico por la bodega Hacienda Monasterio, después de haber trabajado unos años en Burdeos y en California, y en 1995 fundó la bodega Dominio de Pingus. En 1996 elaboró el primer vino, del cual solo hizo 325 botellas y obtuvo 98 puntos Parker.

En el año 1997 el barco que transportaba una cierta cantidad del vino hacia los Estados Unidos perdió su carga por causas desconocidas durante la travesía oceánica. Este hecho multiplicó por 2,5 el precio de las pocas botellas que quedaban, y a partir de aquí empezó el mito del Pingus. Por cierto, este nombre es el diminutivo que su familia le puso a Peter cuando era pequeño.

En la cosecha del 2004 Robert Parker puntuó al Pingus con 100 puntos sobre 100.

El secreto del éxito es, según Peter Sisseck, un trabajo muy riguroso en la viña y una estricta selección de la uva. Todo ello hace que la producción sea escasa y no acostumbre a pasar de las 6.000 botellas anuales.

Actualmente Peter Sisseck asesora una bodega en el Priorato, una en el Ampurdán y otra en Sardón de Duero, al lado de la DO Ribera del Duero.

Tipo de vino
Tinto con crianza.

Origen
Castilla y León (DO Ribera del Duero).

Bodega
Dominio de Pingus S. L.

Uvas
100% de tinto fino (una variante de tempranillo), procedente de cepas de entre sesenta y cinco a setenta años, de una finca de poco más de 4 hectáreas plantada en el año 1929 en el municipio de La Horra, sobre suelos arcillosos, un poco calcáreos y con piedras. La finca está dividida en tres parcelas y se cultiva según la agricultura biodinámica. El rendimiento es de solo 1.200 litros por hectárea.

Elaboración
La vendimia se hace cuando las uvas están muy maduras, y después de una primera y rigurosa selección en la viña se controla en la bodega para que no haya granos de uva defectuosos o poco adecuados para el vino. Las uvas aceptadas se desraspan a mano y se les hace una maceración prefermentativa en frío durante diez días. Posteriormente se inicia la fermentación alcohólica en botas de roble y en depósitos de cemento. La fermentación maloláctica se hace mayoritariamente en bota y parcialmente en depósitos de acero inoxidable. La crianza es de veinte meses como mínimo y tiene lugar en botas y tinas de roble con *bâtonnages* sin trasegar mientras dura la crianza. Acabada la crianza, el vino se embotella sin clarificar ni filtrar.

Descripción
El vino es equilibrado, estructurado, carnoso y con una acidez bien integrada y unos

taninos redondeados. En nariz destacan aromas afrutados y florales, con algunos recuerdos balsámicos y especiados. El conjunto tiene volumen, es elegante y complejo, de paso de boca aterciopelado y de regusto lleno y persistente. Es necesario decantar el vino un par de horas antes de consumirlo y se puede guardar durante quince o veinte años si las condiciones de conservación son buenas.

Combina con...
Un lechón o un cabrito al horno.

Otros vinos de la bodega
Flor de Pingus, PSI y Amelia (solo 500 botellas, de una pequeña viña plantada en el año 1890, que se venden íntegramente en los Estados Unidos).

Precio
1.500 euros.

www.pingus.com

Quinta do Noval «Vintage Port»

En el año 1894 Antônio José da Silva compra y reactiva la Quinta do Noval, que la filoxera había arrasado. De todas formas esta quinta ya aparece citada en un documento del 1715 como exportadora de vinos. En el año 1958 la bodega saca al mercado el primer vino del tipo LBV (Late Bottled Vintage) de todo Oporto —una especie de vintage *con más tiempo de bota y, por lo tanto, embotellado más tarde que el* vintage—*, de la cosecha 1954, y origina así esta nueva categoría entre los vinos de Oporto.*

En 1993 la bodega pasa a manos del grupo vitícola AXA Milléssimes, propietarios también —entre otras menos conocidas— de la bodega Domaine Disznókö, en Tokaji (Hungría), y de la bodega Pichon Baron, en Pauillac (Burdeos, Francia).

Des del 2006 elaboran también vinos no fortificados dentro de la DOC Douro.

Per hacer sus vinos más básicos la bodega compra uvas a otros viticultores de la región del Duero.

Tipo de vino
Generoso tinto dulce con crianza.

Origen
Duero, Portugal (DOC Porto).

Bodega
Quinta do Noval.

Uvas
Touriga nacional, touriga franca, tinta câo, tinta roriz y sousâo, todas ellas procedentes de viñas en terrazas, plantadas en la parte alta del valle del Duero, en la zona de Pinhão, sobre suelos de esquistos y pizarras con un poco de arcillas.

Elaboración
El proceso empieza cuando una selección de las mejores uvas se deposita, en la bodega, en una especie de piscinas de mármol (los tradicionales *lagares*), donde a continuación se pisan. Cuando llega al punto deseado por el equipo técnico, se corta la fermentación con adición de aguardiente de vino. Después el vino ya fortificado pasa a las botas de 640 litros, donde hará una crianza de dieciocho meses. En el caso del Quinta do Noval la crianza se hace en la misma bodega, en contraposición con otras bodegas que hacen el vino en la bodega pero que lo envejecen en unas naves de Vilanova de Gaia, justo delante de la ciudad de Oporto, en la desembocadura del Duero.

Este vino se produce solo en añadas muy buenas —tres o cuatro en cada década— y forma parte de la gama más alta de los vinos de Oporto.

Descripción
A primera vista el vino es de un color intenso entre el púrpura y el rubí, con aromas de frutas en aguardiente y confituras. En boca tiene un dulzor intenso, que queda atenuado por el alcohol (19,5% vol.) y los taninos, que son intensos y con un toque de rusticidad. El conjunto es carnoso, estructurado y persistente y no empieza a redondearse hasta cinco o siete años después de la cosecha. Se puede guardar entre veinticinco y cuarenta años y siempre es necesario decantarlo en un recipiente de base muy ancha para obtener un mejor aireado. Al cabo de pocos años de estar embotellado empieza a formar pósitos en la botella, de manera natural, por lo que es necesario tenerlo en cuenta en el momento de servirlo. Para disfrutar de este vino conviene beberlo de una cosecha que tenga un mínimo de quince años.

Combina con...
Una tarta de Sacher clásica, aunque él solo puede substituir los postres de una comida.

Otros vinos de la bodega
Solo dentro la DOC Porto elaboran 20 tipos de vinos, que abarcan todas las categorías de los vinos de Oporto.

Precio
200 euros las añadas recientes, pero las añadas antiguas pueden costar mucho más.

www.quintadonoval.com

Turó d'en Mota

Recaredo trabaja las viñas según los principios de la biodinámica y está auditado y certificado por Bureau Veritas, que acredita el rigor con que se trabaja desde la viña hasta el producto terminado. Ha sido la primera bodega de la DO Cava en obtener la certificación Demeter en biodinámica.

Todos los viñedos están plantados a lo largo del río Bitlles, y de las 65 hectáreas que poseen 39 son de xarel·lo y el resto de otras variedades tradicionales del Penedés, aceptadas por la DO Cava.

En su compromiso con la búsqueda permanente han incorporado a sus controles la técnica *de las cristalizaciones sensibles*, que permite determinar la calidad vital de los vinos y prever su evolución.

La bodega Recaredo la fundó Josep Mata Capellades en 1924 excavando las cavas debajo de su vivienda, en el centro de Sant Sadurní d'Anoia. Fue el primer elaborador que hizo vinos espumosos brut nature, y que utilizó botas de roble para envejecer vinos base para los cavas de larga crianza. En 2008 sacó al mercado el Turó d'en Mota 1999, el primer cava de finca de la historia y el primero con más de cien meses de crianza.

Todos sus cavas provienen de viñas propias, van tapados con corcho durante toda la crianza y se degüellan a mano sin enfriar el cuello de las botellas.

En el año 2018 sacaron al mercado una pequeña producción —solo 244 botellas— de un cava de más de veinte años de crianza, de la añada 1996, llama-

do Tribut como homenaje a la segunda generación familiar que hace poco ha dejado la gestión de la bodega en manos de la tercera. Un cava que no se volverá a elaborar nunca más.

Tipo de vino
Espumoso de larga crianza brut nature.

Origen
Cataluña (DO Cava).

Bodega
Recaredo.

Uvas
100% de xarel·lo, procedente de la viña Turó d'en Mota, de 0,97 hectáreas, plantada en el año 1940 sobre suelos muy calcáreos de textura franca y limosa, a 269 metros de altitud.

Elaboración
La vendimia se hace manualmente y después de un prensado suave se sigue el método tradicional de elaboración de vinos espumosos, lo que antiguamente se llamaba *método champenoise*. La crianza *en rima* sobre sus madres se hace con tapón de corcho, y dura un mínimo de ciento veinte meses (diez años). Transcurrido este tiempo las botellas pasan al pupitre para ser clarificadas a mano y, finalmente, degolladas también a mano, sin congelar el cuello, cosa muy poco habitual en el mundo de los vinos espumosos.

Descripción
Este cava, el primero que se hizo con tanta crianza, repre-

senta «la elegancia de la sencillez». Es un vino espumoso de burbuja muy fina y cremosa, complejo, extremamente armónico en boca y con una sutileza aromática que necesita unos 10 minutos en la copa para poder captar toda su amplitud. Un cava serio, sobrio, profundo y casi místico. Conviene tomarlo entre los 9 y 12 °C para disfrutar de toda su majestuosidad. Se podrá guardar sin problemas más de diez años.

Combina con...
Cualquier producto y plato de alta calidad.

Otros vinos de la bodega
Terrers, Subtil, Serral del Roure, Serral del Vell, Reserva Particular e Intens (uno de los pocos cavas rosados brut nature que existen).

Precio
120 euros.

www.recaredo.com

Romanée-Conti «La Tâche»

«Los Dioses nos dejaron de recuerdo en este cuadrado de tierra el rasgo fascinante de una perfección intemporal.» Así hablaba Richard Olney, de la finca Romanée-Conti, una finca con más de mil años de historia.

En el año 1131 Hugo II, duque de la Borgoña, cedió todas sus propiedades (incluida la que en el futuro sería la Romanée-Conti) al priorato de Saint-Vivant, fundado en el año 900 por el señor de Vergy. En 1241 este priorato pasó a depender de la abadía de Cluny, y en 1584 el prior de Saint-Vivant vendió la finca Cros des Cloux (que en el futuro sería la Romanée-Conti y que ya había cogido prestigio entre los viticultores) a Claude Coursin. En 1603 heredó las viñas Germain de Danon, sobrino de Claude Coursin, y en 1651 se habló por primera vez de la Romanée para referirse a la Cros des Cloux. No será hasta el 1794 que se empezará a hablar de la Romanée-Conti.

En 1760, después de competir con Madame de Pompadour, amante de Luis XV, compró la finca el príncipe de Conti. Las viñas fueron expropiadas durante la Revolución Francesa, en 1789, y posteriormente subastadas. Después de pasar por diferentes propietarios, en el año 1933 Joly de Bévy adquirió La Tâche, y en 1942 se creó la Sociedad Civil Domaine de la Romanée-Conti, que actualmente es la propietaria. Esta sociedad tiene en total 8 *grands crus* repartidos por la Borgoña.

La Tâche es un pequeña viña de 6 hectáreas que tiene la categoría de AOC (*Appellation d'Origine Contrôlée*) y de Grand Cru, dentro del termino municipal de Vosne-Romanée.

Tipo de vino
Tinto con crianza.

Origen
La Borgoña - Côte-d'Or, Francia (AOC La Tâche).

Bodega
Société Civile du Domaine de la Romanée-Conti.

Uvas
100% de pinot noir, procedente de las 6 hectáreas de viña que constituyen la AOC La Tâche, con cepas de casi cincuenta años que se cultivan parcialmente con métodos ecológicos y biodinámicos, a 240 metros de altitud. Los suelos son calcáreos y arcilloferrosos, y la viña proporciona un rendimiento de solo 2.500 kilogramos por hectárea. La viña se cultiva ecológicamente y como abono solo se utiliza un compost hecho a base del material vegetal de la misma viña.

Elaboración
Antes de cosecharla se verifica que cada uva tenga el adecuado punto de maduración y se traslada a la bodega, donde se hace una nueva selección de la vendimia. La vinificación sigue los esquemas habituales de un tinto, y la crianza se hace en botas nuevas de una zona de bosque de Tronçais.

Descripción
Se trata de uno de los mejores vinos del mundo, donde la potencia, el carácter y la elegancia se combinan con delicadeza. Es un vino muy equilibrado y fresco, con los aromas perfectamente conjuntados formando un abanico aromático donde dominan los frutos rojos y algunas notas balsámicas. En boca es concentrado, carnoso, goloso y con una gran persistencia. Un vino que es conveniente decantar y que se puede guardar durante unos veinte o treinta años.

Combina con...
Unos medallones de filete de corzo o cualquier otro plato de caza.

Otros vinos de la bodega
Romanée-Conti, Richebourg, Romanée - Saint-Vivant, Grands Echézeaux, Echézeaux, Montrachet y Corton.

Precio
2.700 euros.

www.romanee-conti.com

Screaming Eagle

Esta bodega —y especialmente este vino— tiene una especie de aura misteriosa (de hecho, su página web es muy escasa en contenidos), porque para conseguir su sauvignon blanco —el más caro del mundo— es necesario inscribirse en una larga lista de espera que tampoco garantiza que te toquen todas las botellas que querrías. Así mismo, no parece que los visitantes desconocidos (por decirlo de alguna manera) sean demasiado bienvenidos a la bodega, ya que procuran repartir direcciones erróneas y despistar a Google para que no sea un buen referente en el momento de encontrar el camino hacia la bodega. Cabe apuntar que de este vino solo se producen unas 500 botellas cada año (inicialmente, como se hacían tan pocas, este vino solo se obsequiaba a clientes y amigos de la bodega), de manera que parece lógico que se quiera evitar colas en la puerta de la bodega.

La verdad es que la bodega basa su producción en el cabernet sauvignon y este vino es posible encontrarlo con mucha más facilidad y a un precio mucho más asequible que el de su hermano blanco. De hecho, hay críticos que comentan que el sauvignon blanco tiene un precio excesivamente elevado para su calidad intrínseca, pero ¿desde cuándo el vino se valora solo por su calidad intrínseca?

La bodega está ubicada en Oakville, una de las zonas donde hay más viñas famosas de todos los Estados Unidos, en el valle de Napa. Actualmente tienen unas 25 hectáreas de viña plan-tadas con cabernet sauvignon, cabernet franc y merlot, de las cuales un par de hectáreas son de sauvignon blanc.

La bodega la fundó Jean Phillips —un antiguo agente inmobiliario— en 1986, cuando compró el rancho Screaming Eagle, que tenia 25 hectáreas de viña. En el año 2006 Stan Kroenke (multimillonario deportivo que controla el Arsenal de Londres y The Rams de Los Ángeles, entre otros equipos), junto con un socio, compraron la empresa, que en 2009 pasó a ser propiedad exclusiva de Star Kroenke.

Tipo de vino
Blanco.

Origen
California, los Estados Unidos (Napa Valley).

Bodega
Screaming Eagle Winery.

Uvas
100% de sauvignon blanc, procedente de 2 hectáreas de viña de Screaming Eagle.

Elaboración
En la viña se hace una rigurosa selección de las uvas, que tiene una segunda parte en su entrada a la bodega. La fermentación alcohólica del mosto obtenido después de prensar la uva se hace en botas de roble. La bodega no ofrece detalles de la elaboración.

Descripción
El vino tiene un color amarillo verdoso de mediana intensidad. Cuando se acerca la copa a la nariz surgen recuerdos de frutas exóticas maduras, té verde, melocotón de viña y notas aromáticas de especias, cítricos y florales, sobre todo de madreselva. En boca se nota lleno, carnoso, con una acidez alta muy bien integrada al conjunto del vino y con una larga persistencia del regusto.

No es necesario decantarlo, pero vale la pena esperar unos minutos cuando está ya en la copa antes de beberlo. Se puede consumir inmediatamente después de comprarlo o esperar entre cinco y siete años. Personalmente recomiendo la segunda opción.

Combina con...
La mayoría de platos de la cocina vegetariana asiática.

Otros vinos de la bodega
Cabernet Sauvignon, The Flight y Second Flight.

Precio
4.000 euros.

www.screamingeagle.com

Vega Sicilia «Único»

Eloy Lecanda fundó esta bodega en el año 1864 y desde entonces ha pasado por diferentes propietarios, pero afortunadamente los equipos técnicos de la bodega se han mantenido estables y se han sucedido con continuidad por lo que respecta a la esencia de la bodega. Desde el año 1982 la bodega pertenece a la familia Álvarez. En 1991 se creó la marca Alión, un vino de perfil más moderno que el tradicional Vega Sicilia. En principio los dos vinos se elaboraban en la misma bodega, pero, para evitar que se consolidara la idea de que el Alión era un vino de segunda categoría, en 1993 se le dio una bodega propia, a unos 15 kilómetros de la bodega madre.

Actualmente tienen 210 hectáreas de viña de treinta y cinco años de edad de promedio —en una finca de 1.000 hectáreas—, plantadas con tinta fina (el 80%), cabernet sauvignon y merlot. Las viñas se abonan solo con productos orgánicos y las plagas se controlan con métodos de lucha biológica, buscando la armonía con la tierra y aprendiendo de sus ciclos vitales y de sus ritmos.

Todas las botas y tinas de roble que se utilizan en la bodega se fabrican con madera de roble americano en la botería de la bodega, que está equipada con alta tecnología. Actualmente hay unas 3.000 botas en servicio dedicadas a la crianza de los vinos.

Tipo de vino
Tinto con crianza.

Origen
Castilla y León (DO Ribera del Duero).

Bodega
Bodegas Vega Sicilia.

Uvas
97% de tinta fina (variante del tempranillo) y 3% de cabernet sauvignon, procedentes de una parcela de la viña propiedad de la bodega. Las cepas están plantadas en suelos arcillocalcáreos, con gravas en la superficie, y dan un rendimiento de 1 kilogramo de uva por cada cepa, lo que representan 3.600 kilogramos por hectárea.

Elaboración
Este vino se hace fermentar con levaduras autóctonas en diecinueve tinas de madera de roble, donde también hace la fermentación maloláctica y donde permanece un año antes de empezar la crianza. Por lo que respecta a la crianza, el tiempo total de envejecimiento es de diez años, de los cuales siete los pasa en botas de 225 litros (que empieza en botas nuevas y acaba en botas que ya han tenido algún vino) y los otros tres en botellas.

Descripción
Visualmente tiene un color rojo rubí. Aromáticamente se nota fresco y destacan frutos rojos y negros sobre un fondo de matices de especias, discretos recuerdos de la madera de roble y un punto de regaliz. En boca se reencuentra la frescura dentro de un conjunto armónico, carnoso y elegante que persiste mucho rato. Los taninos son suaves y pulidos y aportan parte del carácter y la potencia del vino. Todo esto va

cogiendo complejidad a medida que pasan los minutos con el vino en la copa, por lo cual se recomienda decantarlo una buen rato antes de beberlo.

Este icono de los vinos españoles tiene una gran capacidad de guarda, de manera que, bien conservado, se puede consumir perfectamente después de treinta y cinco o cuarenta años.

Combina con...
Un estofado de corzo o de rebeco previamente macerado con vino.

Otros vinos de la bodega
Alión, Vega Sicilia «Valbuena 5º año», Pintia (en la DO Toro) y Macán (en la DOC Rioja) —etiqueta en la que participa también el grupo Benjamin Rothschild . Bodegas Vega Sicilia es también propietaria de la bodega húngara Tokaj-Oremus.

Precio
300 euros.

www.vega-sicilia.com